文學叢刊

孫如陵著

副刊論──中央副刊實錄

文史哲出版社印行

國家圖書館出版品預行編目資料

副刊論：中央副刊實錄 / 孫如陵著. -- 初版. --臺北市：文史哲, 民 97.05
頁： 公分. --（文學叢刊；201）
ISBN 978-957-549-788-0 (平裝)

1.報紙副刊 2.編輯 3.文集

893.907　　97009311

文學叢刊 201

副刊論：中央副刊實錄

著　者：孫　如　陵
出版者：文　史　哲　出　版　社
http://www.lapen.com.tw
登記證字號：行政院新聞局版臺業字五三三七號
發行人：彭　正　雄
發行所：文　史　哲　出　版　社
印刷者：文　史　哲　出　版　社
臺北市羅斯福路一段七十二巷四號
郵政劃撥帳號：一六一八〇一七五
電話886-2-23511028・傳真886-2-23965656

實價新臺幣三六〇元

中華民國九十七年（2008）六月初版

ISBN 978-957-549-788-0

新聞系攸關我的一生（代序）

民國二十六年七月七日，抗戰揭開序幕，我從北平逃出。經天津，乘阜生輪至煙台，轉濰縣，再由濟南乘火車至南京；南京已遭敵機轟炸，乃溯江西上，止於武昌，以北平市市立第一中學學生的身份，登記爲流亡學生，由教育部（部長陳立夫先生）分發在湖北省立武昌第一中學寄讀高三。武昌一中是一個讀書的好地方，當初張之洞創辦兩湖書院，倡導新學，就在這裡。

有一天，由漢口乘輪渡過江回武昌，在漢陽門聽見「新聞記者」創刊號的叫賣聲，一時興起，買了一本，邊走邊讀，讀到興會淋漓時，忽然心生一念：有朝一日，自己的名字，連名帶姓登在報上，那該多美！這成名的一念，當天記在我日記裡，從此抽根發芽，開花結果，貫串我的一生。語云：「心動爲禍福之始」，在我身上得了印證。湊巧，中華書局正出版「新聞叢書」，我也買來仔細閱讀，竟成了「新聞迷」。

提起日記，我從初二就開筆了。起初用文言，後改用白話，算是趕上了時代。每天寫三、五百字，以取材於生活爲主，間或也摘錄報紙上的大事。限定自己，說過的話不准再說，後來還抓住重心，做成標題，居然有頭有尾，具備了完整篇章的雛形。從初二到大四，一共九年，我寫了三千三百八十五篇日記，沒有一天中斷，至少有一百二十萬字。以此作爲日後寫評論、寫方塊的基礎，我自信是非常篤實的，而且貼近我讀新聞系的目標。

再說雜誌，我也受益匪淺。比如說：我參加政校的入學考試，英文的作文題——A little learning is a dangerous thing，就是從「競文英文」雜誌學來的。我比同時赴長沙投考的一中同學討了大便宜。他們望文生義，認爲 a little learning 是知道得少，不知道這個英國諺語，相當於我國的「半瓶子醋」——「滿壺全不響，半壺響丁當」，乃「一知半解」的意思。那天考試之後，大家在一起閒聊，因題旨淺近，各人臉上都顯出得意之色，及至聽了我的一得之愚，才恍然大悟，問我：「教科書上沒有，你是從那裡搞來的？」

這次考試，理化考得很壞，我很灰心，最後兩堂史地，因下午敵機來襲，改在晚間補考。在焦急煩悶的待考中，和劉華同學去坐茶館，我告訴他，我打算放棄史地不考了。冷不防他猛然拍我一掌，睜著那雙圓眼說：「大丈夫做事，要有始有終！」考試時間快到了，我起身對他說：「起來，走！我們去當大丈夫！」後來我僥倖錄取，他不幸落榜。唉，若不是我這位同鄉同時是寄讀生的劉華，及時給我背膛心一巴掌，我今天還是我這個我嗎！

剛踏進新聞系的門檻，系主任馬星野先生就給我們一個下馬威，要我們把申報、新聞報直式的版面，去和英美兩大時報（London Times, New York Times）橫式的版面，加以比較研究。我的天！申新兩報，我們一向很少接觸，兩大時報更影子都未見過，如何比較？如何作比較研究？但馬主任鼓勵我們，不要害怕，只要有膽量親近它們，日子久了，自然生出感情，不求了解而自了解。的確，我發現，版面和書法有相通之處，橫直得宜，長短合度，大小勻稱，黑白分明，用鉛字拼排出「美」來，使人愛而讀之，就是好的版面。

版面問題，在我心中醞釀成熟，已在幾年之後，想寫一篇版面革命論，鼓吹報紙全面橫排。向馬主任（這時我是新聞系助教）報告，提出我的初步計劃。馬老師說，董顯光先生民國初年，在北京辦報採用橫排，結果沒有成功，我也就啞口無言。但我的心不死，仍然繼續研究。五十年八月一日，機會來了，中央副刊擴版，由八批增加爲十六批。我身爲主編，奉命改版求進步，乃出其研究心得，毅然由十六批改爲十批，版面爲之一新，引起行家注意。當時主持中華日報的徐詠平兄（政校第四期），很有氣魄，一口氣把華副篇幅擴充成一整版，卻沒有注意版面問題，現在眼睜睜看見中副後來居上，不恥下問，特別用四川話打電話給我：「老弟，哥子們要向你學習啊！」那年台北掀起橫排的風潮，我正在中華副刊寫「筆陣」（華副的專欄），好容易抓住這個大好機會，於是針對著橫排，肆無忌憚地大放厥詞。不意招來「中華日報」部分同人的不滿，主編蔡文甫先生把這個消息透露給我，我只好偃旗息鼓，版面不革命了。事隔有年，「聯合晚報」創刊，全面橫排成爲事實，我好生歡喜。天下事，成功不必在我，且喜我有這個「命」，還有這份「福」，居然等到美夢成眞的一天！

三十八年年初，台灣初來乍到，很不習慣。我的表兄曾元三，爲李彌軍團第一師師長，邀我去做他的上校政治部主任，委任狀來了，船票也買了，只等一天在基隆上船。在這關鍵時刻，馬老師叫我去，很動感情地對我說：「來台灣，能說幾句體己話的人都少了！你如果非回家鄉不可，我也不能相強——我的意思是說，再看一段時間，等局勢平定一點再作決定……」我回到宿舍，把這番話告訴大家，同事們、同學們，都一致慰留；張力耕更說，招商局他有熟人，兩百萬老台幣的船票，保證全部取回來。情不可卻，我決心留了下來。

假如那天我剛愎自用，要過上校政治部主任的官癮，去到韶關，風光了幾個月，到了三十八年年底，元三兄那一師，因他的參謀長「陣前起義」槍都未響一聲，就被共軍收編了，我這個「上校」，槍斃一百次也不冤枉，今天哪能還有一個姓孫的，在這裡仿效白頭宮女，閒話天寶遺事呢？我多活的這許多年，完全是馬老師賜給我的，馬老師是我的恩師，更是我的救命恩人！

他還救了中央日報。

徐蚌會戰失利，南京暴露在第一線，安全堪虞，暗中有遷都的醞釀。中央日報擬議中搬遷的地點有三：一爲廣州，二爲福州，三爲台北。聽憑馬社長選擇，作最後決定，馬社長選定了台北，台灣遂有一個嶄新的局面出現。事實擺在面前，假如選定的地點，不管是廣州也好，或者福州也好，中央日報都會沉淪在大陸，那情況該有多慘，簡直不敢想像！馬先生的睿智和魄力，使中央日報多活了一個甲子，有機會對國家、對民族作了最大最好的貢獻，是有目共睹、有口皆碑的。

抗戰勝利，馬老師電召我回新聞系任助教，我得以從雲貴高原、貴州西北角的畢節，脫身而出，回到重慶，再回到長江三角洲的南京，最後來到太平洋中的台灣寶島。對我這個「人無三分銀」的貴州人來說，實在是一大奇蹟。第一奇在，我追隨馬老師，比同班同學多幾年，無論做人做事做學問，多能見諸行事，有績效可言；第二奇在，馬老師鼓勵我們做無名英雄，能視工作崗位爲學習單位，要潛心研究，以求發展。我五歲啓蒙，今年九十有三，八十八年來，沒有一天不讀書，因經驗的純化，都變成活知識，用來應付環境，進退有據，平平實實過了將近一個世紀。馬老師爲中央日報選台北爲安身立命之地選對了，我選新聞系作第一志願，傾全力以赴，也選對了。私心自念，這是人生一大安慰。我的一生，與新聞系是一而二、二而一的，四十年前，我在新聞系參加座談會，歸來寫了一首詩——「贈後期新聞系同學」，足以明心見志，今附錄於此，詩曰：

你們是我的過去
我是你們的未來
當我讀書的時候
你們都還在喝奶

年齡把我們分開
志趣拉我們攏來
新聞理想的追求
是一場接力的比賽

我跑完了前一程
閃在路旁歇喘
你們的身手矯健
定能奪得金牌

你們是我的過去
我是你們的未來
當你們成功的時候
我爲你們喝采

副刊論

副刊論——中央副刊實錄　目次

尺幅之內有千里之觀

民國五十年六月，曹聖芬先生接掌《中央日報》，到任之夕，親往資料室，招呼我出來，在辛廠院子裡，他告訴我，要我主編中央副刊。七月七日，特別爲未來的中央副刊，召開一次會議，出席人員有：

錢震，總編輯
林家琦，副總編輯
龔弘，總經理
彭河清，採訪主任
易家馭，主任秘書
戴潮聲，副總編輯
鄭炳森，編輯主任
薛心鎔，中央副刊主編

王理璜，綜合副刊主編

孫如陵，資料室主任

其他……

出席者發言踴躍，而以龔弘兄發言爲最多，主張「大衆化」、「通俗化」亦最力。討論結果，由曹社長宣布：

第一，中副的版面要美，要大方，要便於閱讀；

第二，取消綜合副刊，將中副版面擴大一倍，每天十六批，由孫如陵主編。

我最後發言，因鑒於未來的中副，沒有機會試版，我要求半月之內，不接受任何批評，等試版有了眉目，再請社長召集一次會議，切切實實加以檢討，把中副送上充實而光輝的道路。

當是時，我面臨兩個問題。其一，版面問題，我早有研究。在南京，我寫過一篇〈報紙版面革命論〉，主張全面橫排。我向馬星野先生報告，馬老師說，民國初年，董顯光先生在北京辦報，曾經橫排，效果並不理想，我的念頭因而轉淡，而對版面的美觀實用，一直在注意，在研究。後來眼見《聯合晚報》橫排，我的理想實現，我著實高興了一陣子。現在，成竹在胸，對於中副的版面要求其美，要求其大方而實用，我有把握做得到，故能欣然承命；所成問題的，倒是曹社長本人——他這樣看得起我，把千斤重擔讓我一肩承挑，我擔當得起嗎？

我認識聖芬兄甚早，記得在重慶讀四年級時，母校校慶，新聞系參加拔河比賽，聖芬兄在場，自告奮勇做啦啦隊，興高采烈，為我們加油打氣。可惜我隊後勁不濟，敗下陣來，使他好生失望。遷臺後，他曾任本報副社長兼總編輯。我們的乒乓球隊，與友隊比賽，慘遭滑鐵盧，我這個隊長，成了敗兵之將，還得強打精神，和全體隊員聚餐，慰勞慰勞，安撫安撫。拿著一紙簽呈，請他核發新臺幣二百元聚餐費。他一面核可劃行，一面用湖南腔的官話說：「球，打輸（虛）了（打），還要呷飯！」

這餐飯，是很難下嚥的！

綜結這兩次的印象，我認定他是一位心高氣盛，慷慨奮發的有為之士。現在責任加身，我這顆過河卒子，到了八月一日，只有拚命向前，投石問路的一途了。

我從王理璜手裡，接過綜合副刊，又從薛心鎔手裡，接過中央副刊。一共是十六批，占全版二十批的五分之四，亦即《中央日報》總篇幅的十分之一。我接過兩個副刊，等於同時接受兩份工作，擔負起中央日報十分之一的責任。肩挑重擔，獨任其勞，使我產生一種臨事而懼的心理，不求有功，但求無過。

處理十六批的大版面，依我當時的構想，兩批改成一批，十六批變成八批，固然簡單易行，但每批高十九個字，實嫌太長，沒有變化，顯得呆板；如果改採「三分二」（三批改作兩批），則每批高十三個字，比較合用，卻僅能解決十五批的問題，剩下的一批，合不攏口，不好處理。最後是兼採「二合一」和「三分二」，還是差那麼一點點，浮圖不能合頂，拼版時，非我親到排字房，臨時出主意不可，天下那有這樣的主編呢？不怕你笑話，我接辦擴版後的中央副刊，雖是日以繼夜全天候工作，而於拼版的改進，絲毫無補。幸喜我運氣好，這一切看在李世福兄眼裡，本著他做領班，多年拼版的經驗，把十六批均分為十批，每行高十四個字，長短合度，變化隨意，輕易地把問題解決了。八月初，改版的頭幾天，版面實在不好看，有讀者寫信來罵，中副「醜死了！」我也只好逆來順受。再過十來天，朱西甯的成名作——〈狼〉，出現在中副面貌一新的版面上，世人就改用一副眼光看中副了，而中副前途也露了曙光。想起世福兄的功德，何以報之？「三五牌」香煙一聽而已！

新中副的版面：排字，長短合度；線條，疏密有致；色澤，黑白分明；風神的美，完全脫胎於書法。像張飛的臉一樣，黑白相間的條紋，組成一個祥和的顏面，看來心生一團喜氣。這種美，如竹如石，一般人視若無睹，很少有人欣賞，惟有《劍河倒影》的作者，陳之藩先生，是個例外。他之所以向中副投稿，就是為了中副的版面，乾淨俐落，美麗大方。

副刊篇幅的擴張，《中華日報》拔了頭籌。他們用整版的篇幅辦副刊，比擴版後的中副還多四批。但他們顧到量而未顧到質，致令中副成了後起之秀。主其事的徐詠平老哥來電話，用四川話坦誠地說：「老弟，哥子要向你學習呵！」我受寵若驚，暗叫一聲慚愧。還有一次，遇見余紀忠先生，他已在電梯之內，更在人叢背面，滿臉堆笑，翹起大拇指向我打招呼，給我的鼓勵，歷久不忘。

〈狼〉，嶄露頭角，造成很大轟動，其發表過程，甚為曲折。〈狼〉的原稿，厚厚一大疊，字跡工整，顯然是用心之作；惟獨第一頁是新抄的，令人犯疑。我猜想，此稿曾投他刊，編者有不好的評語，作者因余光中先生的推薦，把稿件索回，為了掩飾，重寫一張寄來。那麼，這是一篇人家不準備用的稿子，那能會好呢？這種先入之見，使我用挑剔的眼光看原稿，想捫毛索瘢，找出一些缺點做理由，送她回娘家。萬沒想到，愈讀愈著迷，簡直欲罷不能。最後，這篇幾萬字的中篇小說，決定用了。剩下的問題是：如何發排？

〈狼〉，一個字做題目，未免單調一點，壓不住陣，於是我回資料室，在大英百科全書上，找出一頭狼的照片，照片上鑄上「狼」字，題目就特別顯得惹眼。同時，這篇小說，一氣呵成，如果仍然採用舊套，像長篇小說那樣處理，一天發千多兩千字，不腥不臭，將斷送這篇好文章。於是，第一天，我把所有的短稿都扣下，只發〈狼〉的七千字，使讀者毫無選擇，非讀它不可。不錯，我這樣想，也這樣做了，但是，到底是冒險，是沒有把握的。那天我一直在嘀咕，一夜不曾好睡，私下暗忖著：「曹聖芬把這樣重的責任交給我，我要是砸了，該怎麼辦呢？」

第二天一大早，我到辛廠，正遇著任熙雍，他對我說，〈狼〉寫得很好；接著，魏子雲也恭喜我，說〈狼〉不錯，我心才篤定下來。此後嘉評如潮，一致嘆美，使我產生無比的信心！半個月後，曹社長召集會議，專案檢討新出爐的中副，大家都「沒得話說」，力主「大衆化」的龔弘兄，尤其滿意。

以上囉里巴嗦說了一大堆，無非是說副刊的形式和內容，如何如何。其實，都是舊話重提。遠在民國四十四年二月一日，我在〈中副內情〉裡，已將我辦副刊的理念，歸納成兩句話，當做口號提出。我說：

——至此，或許有人會問：中副到底要辦成什麼樣的副刊？我們的答覆是：遠一點說，我們希望達到「尺幅之內，有千里之觀」的境界；至於目前，如果她能做到，「疏疏淡淡幾根線條」（形式），「平平實實幾篇文章」（內容），也就差強人意了。

我不怕有人笑話，說我狂妄。站在副刊的立場，專就副刊而論，我敢說，這是具體而微的「隆中對」，今後三十年，我為中副服務，完全是本著這個原則做，向著這個目標走的。從三十八年到五十年的十二年間，我大部分的時間和精力，都是用在中副上面，當助手也好，做「單幫」也好，工作是嚴師，毫無寬假，把我這塊頑鐵，著實錘鍊好幾年，我乃有充分的機會，把副刊的神經中樞都摸透了，我得以用一百個偶然，等待一個必然，完成我的任務。

為了貫徹「大眾化」、「通俗化」，曹社長和我商定「不用文言」，要中副儘量與一般讀者接近。錢總編輯說得好：「報紙要做宣傳，先要使人愛讀」。〈狼〉在《作品》月刊被壓，在中央副刊出頭。成也蕭何，敗也蕭何，都是方言在那裡「翻手為雲覆為雨」之故。文言成了絆腳石，自然應該移開。

陳立夫先生的大作，寫黨國先進的革命軼事，用的是文言，我一頭鑽進牛角尖，竟把立公的手稿「璧還」了；陳老師責問曹社長，曹社長責問我，我說：

「不用文言，是我們兩人作的決定，自己的決定，自己不能堅持，百事無成，那算什麼呢？這事很簡單，我們請立公把稿件寄回，同時取消『不用文言』的規定，不是一了百了了嗎？外人聞之，我們對自己的老師，尚且不肯破例，何況他人？自然心得其平了。」

關於用稿，曹社長有過一番面面俱到的談話，他說：

我們的標準很簡單，我們沒有偶像觀念，我們割斷了人情的困擾，我們祇是以文論文。中副編者被人指爲『六親不認，鐵面無私』，雖然有些過分，但也頗近事實；我們選擇文章，不以作者的地位，編者的好惡爲根據，儘可能以文章爲標準；縱使仍有取捨失當之處，編者自信是問心無愧的。因此，在中副的園地裡，成名的作者固有，而無名的作者更多，作品被發表了的對編者不必感謝，那是他們自己的心血發出來的光和熱；反之，作品被退回的，也希望他們對編者的一片愚忱，能曲予鑑諒。

——《中副選集》序

話是這樣說，「鐵面無私」眞無私到「六親不認」的地步，退稿的不幸落到我們自己的名下，那也是萬般無奈的。

曹社長寫了一個方塊，紀念張道藩先生，交給中副主編王理璜小姐，王小姐認爲「不妥」，頂了回去；曹社長斟酌再四，又送交王小姐，王小姐說，「我看，還是不妥」，又把方塊退回。曹社長當時悶聲不響，一句話都沒說，直到我重回中副，做了回鍋油條，有機會請他寫方塊，他才向我說：「……從此以後，我寫方塊，一提筆就想起這回事；一想起這回事，就一個字也寫不出！」

這一夕話，雖是吐苦水，卻非發怨言，他對兩次退稿的包容，即對主編的尊重。這在領導上，可圈可點，正是一派溫文儒雅的作風。還記得，每次我乘他的座車，他都搶前一步，拉開車門，讓我先登。「士爲知己者死」，或許過分，「士爲知己者用」，該是合乎情理的。

說來沒有人相信，我的「溫柔敦厚」，有一半來自聖芬兄。我三十、四十那些年，一肚皮不合時宜，又偏愛幽默諷刺，筆鋒講求犀利，說話總是往刀口上刀尖上去，縱然傷人，只要能逞一時之快，就做金聖嘆，在所不辭。幸而那些炎炎大言，皇皇金句，遇著聖芬兄和曹蔭老（儛），概從割愛，連根拔掉了，我才得痛定思痛，革面洗心，走上「中正和平」之路，言論一歸於正，其表現於中副者，數十年間，雖無赫赫赫之功可言，而「言滿天下無口過」，卻是全社會都信實得過的。

中副在歷任社長領導之下，爲環境所侷限，僅維持一個小康的局面，到曹社長手裡，才開始壯大。其可得而言者：

第一，中副天天見報，從無一天休刊，改變了世人對中副的印象，天天有東西可讀，充實了一天的生活，覺得生活得有意義，人生有價值。

其次，副刊爲集體智慧的表現，一個跳蚤頂不起一床被蓋，所以，中副敞開大門，歡迎外稿，利用其本身的小智小才，引進社外的大智大才，用來充實內容，壯大聲勢，廣結人緣，使它適存於世界。

再其次，研究發展，從未間斷。我們研究笑話，發展成「趣譚」，至今膾炙人口，而繼起無人；我們研究中副合訂本，發展爲《中副選集》，再發展爲《中副精選》，暢銷幾十年，第一輯賣了四十五萬冊；我們把作者聯歡，與春節聯繫起來，每年舉辦春節聯歡茶會，人人做客人，同時做主人，大家相見歡，一團喜氣，至今仍受歡迎；我們又把〈成功者的座右銘〉，轉化成《我的座右銘》，預約由五千冊而至於一萬冊，書還未出印刷廠，已經造成轟動了，所創下的紀錄，迄今無人超越。……凡此作爲，每做出一樁，中副頭上就出現一片新的天地。這片天地，最初僅夠〈人情味與公德心〉展步，後來越拓越大，等到〈一個小市民的心聲〉、〈南海血書〉相繼來臨，可資迴旋的空間加大，中副的筆隊伍對抗「文化大革命」，力量也綽有餘裕了。中副到了這個境界，我們說她，「尺幅之內，有千里之觀」，該不是吹牛吧！

九十一年六月三日

改版後的中央副刊

五十年八月一日，中央副刊改版，經過四個星期的實驗，不斷地作局部調整和改良，至於今日，新的版式已漸趨於定型，今後，所應全力以赴的，便是爭取佳作，充實內容。

改版後的中央副刊，篇幅增加一倍，由八批變成十六批，佔整版的五分之四。就本報各版來說，除了第二版，就要數中副篇幅最大了。這是本報創刊以來所少有的措施，因而要在「社刊」上記載一筆。

在改版前約一個月，曹社長爲這件事情，召集過一次會議，一面檢討原有的中央副刊和綜合副刊，一面策劃未來的中央副刊，最顯著的一點，就是大家都要求新的中央副刊，要在版面上擺出面目一新的形象，必須多留空白，悅目怡心，造成落落大方的印象。我執行這個決議案，不想竟在三年來發特刊的經驗中得到一點啓示——倘要求多留空白，只有採取「長欄大字」的原則，庶幾可以接近目標。因爲我們的版子，一貫以多裝字釘進去爲目的，行與行間的間隔，是用八開的鉛皮；欄與欄間的距離，是用對開的鉛條，更兼花線兩側，題目四周，習慣上，留空白的地方極少，所以，一個版子，實與一個字架無異，密密麻麻的一片黑，看來殊少美感。如改排長欄——「三作二」或「二長」，則因欄數減少，原來欄與欄間對開的空白，即可倍增，有一個六號字那樣寬的一道空白，在版面上，有如雨夜的閃電，十分顯明。我把這一點想通之後，即將以往的特刊找出幾張來印證，於是一張未來的中央副刊，就展現在我眼前，版面雖很模糊，但已粗具輪廓，使我有三分把握執行這個決議案，勉力做這個新的要求。

然而，這個設想，只有編輯經驗爲之支持，沒有排字技術爲其基礎，直如豬八戒學變，總差那麼一點點，變不成形。

考驗我的新版面，共十六批，依照改爲長欄的原則實行，最簡單的辦法，是改爲八批。但八批的變化太少，而且根本無變化之可言。從前老中央副刊的八批（每批高九字），我接受鄭炳森兄的高見，改爲九批（每批高八字），就爲的是求版面變化的算式增多，此後六、七年，一直保持不變。連新出的綜合副刊，也是採行這個辦法。所以改爲長欄八批，根本不在考慮之列，而僅採用一部分的長欄，以與「三分二」參合使用。經驗提醒我，這裏隱伏著一個問題——盡改爲「三分二」，只解決十五批，還有一批掛單；改十二批爲「三分二」，又有四批成爲懸案。所以我適應這個情勢的原則是：單的批數用「三分二」，雙的批數用長欄，再有小問題，那就只有「通欄」的一條險路好走，但有什麼辦法呢？

最初五天，我吃盡了苦頭，雖日上三班，作全天候的工作，仍於事無補。這種情形，看在李世福兄眼裏，而且在知道我的困難所在以後，第二天就對我說，如果把中央副刊的十六批，改爲整整的十批，則發稿與排字拼版，都很方便。我立刻明白了他的意見，連說：「好，好，我明天就改！」他又去計算了好一陣，送我這張表：

中央副刊十六批改十批

批數	每行字數	闢角批數	每行字數	餘字作隔線
一批	一四字	三分二	二一字	二或五字
二批	二九字	四分三	一九字	二或五字
三批	四四字	五分二	三六字	二字
四批	五九字	五分三	二四字	二字
五批	七四字	五分四	一七字	六字

幾分幾，都是小節，我只知道十六批改爲十批，只消當做整整的十批處理，發

稿就沒有問題了。不過有一點要注意，就是從前的八批改爲九批，是以少改多，以長改短；現在的十六批改十批，是以多改少，以短改長，在控制版面的時候，要牢記在心，時常警覺到，適應這個新的改變，才能夠享受李先生技術援助的好處。

中央副刊在改版以前，我曾奉命擬一計劃，題名「中央副刊新面貌」。在我寫下「新面貌」時，不覺心有未安，因爲我懷疑它的「新面貌」會在我的手上塑造出來。而結果不算太壞，只當是菩薩保佑吧。

中央副刊的版面，由短欄改長欄，年輕的以爲是翻新，年長的知道是復古。從前的報紙都採用長欄，約相當於現在的二批，海外若干僑報，至今還保留這個面貌。長欄的好處，是轉折很少，可以縮短拼版的時間。我們常出晚報，什麼地方都檢討過了，只沒有檢討到這一點，將來新聞版也許要合理地把欄數減少一些吧？

新的中央副刊，其所以能予人以新的印象，和改排長欄大有關係。因爲篇幅擴大一倍，那只是數量的增加，要說這是我們捨得把篇幅用在副刊上，固然比新生、聯合超出一些，卻不如中華之以全版界予中華副刊，更見氣魄。中華副刊以全版的篇幅，最大而最先出現於報壇，而無先聲奪人的威勢，推其原因，便在它的數量雖有增加，質地殊少改變。倘中央副刊改版以後，形變的同時不能引起質變，也會走上中華副刊的老路，實在不合算，我們也就沒有改弦更張的必要。這是我私下的忖度，只因比版面還沒有把握，我不敢透露一點風聲！

前幾天，國語日報的朱信先生來，傳言成舍我先生想邀我去為世界新聞專科學校講授「新聞文學」。我目前對付版面都忙不過來，自然不能考慮教書。但因此而引起我們談論副刊的版面，我就將八月份的三十一張中央副刊攤開來，逐一檢視，作一番比較。打開八月初的幾張，天呀！真是難看極了！難怪有一位讀者來信說，改版後的中央副刊，「面目可憎」！我當時頗不謂然，現在才佩服這位仁兄的眼力！說老實話，我在前後編中央副刊之間，相隔了三年零半個月，原來那點本領都完全奉還老師了，塡版子尙嫌吃力，何況應付一塊大版子？更何況拿出一塊全新的大版子？這點，我有「自知之明」，因此，我在「中央副刊的新面貌」裏面，先向社長備案：改版後兩星期，諸社長再召集一次會議，根據事實，切實檢討，以便改進。八月十六日開社務會議，社長命我報告中央副刊改版後的情形，就是由這裏來的。

我在報告裏，毫無掩飾地說明我在版面上遭遇的困難，直到得了李世福先生的技術援助，才有柳暗花明的境界，而仍不能有效地控制版面。談到內容，我特別提到朱西寧先生的「狼」。這是經我之手所發的最為傑出的一篇；此外，對於「方塊」的佈置，對於竹枝詞、掌故等的安排，皆逐類述及。可惜報告終了，社長問出席諸公有什麼意見，卻沒有人肯指教的。看來我還得盲人騎瞎馬，再摸索一段時間。

曾經有幾天，稿子大成問題。記得我接編之前，薛心鎔兄在信中告訴我，「稿源枯竭」，使我心驚肉跳，他的話果眞應驗了。在無法可想的時候，像「陶淵明舐犢情深」一類的作品，都做了第一篇，我自己譯來預備給「綜合副刊」的「莽漢」，也在「蜀中無大將，廖化充先行」的情況下，作了「權且撐過一天再說」的橋樑。我認爲，一個副刊編者，不宜發表自己的作品，應該儘量空出地盤來，向每一位作者開放。過去我在中副的崗位上，有五年之久，一慣守著這個原則，現在仍無改變的意圖。

爲了開闢稿源，簡易的方式，厥爲徵稿。經過兩次試驗，中副的號召力仍在，而應徵最踴躍的作品，就是「各地風物」。這是因爲陳鴻年先生的「故都風物」，受到讀者歡迎，因有此「逐類而長」的措施。在我的記憶裏，海外孤雁的「吃醋」，殷穎的「水都濟南」，都是很有風味的，而俞南屏的「豆花之戀」，更躍登到第一篇的地位。

中副徵文，而應徵者踴躍，表示中副的讀者群中，還潛伏著若干枝可用的筆，他們不僅用於中副，抑且有東西給予中副。這也表示，中副的讀者，水準是夠高的。這對編者是一種驅迫的力量，其嚴厲的程度，殆爲「萬目所視，萬手所指」，無形中驅迫著中央副刊不斷改進。

一個副刊是集體創作，也是集體欣賞，編者雖立在一個關鍵的地位上，也只是這集體中的一員，如何把社會上現有的能文之士，團結到中央副刊的旗幟下來，使副刊的內容結結實實，達到無懈可擊的程度，而且確有可堪玩味之作，今天能滿足讀者群的心靈，明天能在中國副刊史上，乃至中國文學史上佔一席地位，這個集體創造才有意義。

社刊，五十年九月一日

（註）「社刊」為中央日報對內刊物，專供全體同仁聯絡感情、砥礪學行之用，是我一手設計的。本書有多篇，曾先在這裏發表。

中央副刊的風格

很多人閱讀中央副刊，更有人喜歡她的，但，「人莫不飲食也，鮮能知味也」，一定要人家說出個所以然來，也是苦人所難，不如讓我來老王賣瓜，實話實說吧。賣瓜雖有自賣自誇的嫌疑，倘不違反事實，或離事實不遠，想來讀者諸君是會垂諒的。

民國四十四年，我寫過一篇「中副內情」，對於中副的形式和內容，我說過兩句話：「疏疏淡淡幾根線條，平平實實幾篇文章」。此後二十餘年，我在中副幾進幾出，都是照著這兩句話去做的，一直到今天，沒有改變，所以中副的外形，看來有些呆板，其實這個版面，當初曾經付過幾許代價，幾許心血，得來亦殊不易，也曾震動一時。

用幾根疏疏淡淡的線條所組合的版面，如有美可言，那是脫胎於書法。我們看古今書法家的字，疏疏朗朗幾行，構成一個獨立的小天地，風月無邊，透出無邊風月來，令人心知其美，而說不出美在那裏。副刊版面的美，在長短有度，在疏密有致，在大小得宜，尤在輕重得體，任何設計與安排，都要合乎「編排方便，閱讀方便，剪貼方便」的要求，有本有末，而後才耐看，才耐久。一副面孔，雖說呆板，久看之後，看熟了，看慣了，看順眼了，一種親切之感，在心頭潛滋暗長，與時俱增，副刊成了讀者的老朋友，一朝相見，就像李白和敬亭山一樣：「相見兩不厭，惟有敬亭山」。

近年的新風氣，時興徵文。「鄰之厚，君子薄也」，中副面臨一項挑戰，僅作熱心的觀察員，靜觀徵文的發展。徵文確有好處，最值得稱道的，是捨得拿出大筆鈔票，致力文藝工作，對報社有倡導文藝的美名，對青年作力爭上游的鼓勵，而「培植新作家」，尤其動聽而感人，沒得話說，眞是「狗咬鴨子——呱呱叫！」不過，徵文是一場文藝比賽，有成有敗，有榮有辱，在一個有地位有成就的作家看來，和年輕人爭一日之短長，得之不足以爲榮，失之適足以取辱，那就鼓不起雄心壯志，參加徵文的角逐。因此，徵文有百利，而不能全面推展文藝工作，實嫌美中不足，倘欲盡得其利，則有待於更有效的設計與策劃。

徵文如果作更深一層的觀察，無非是在某方面開闢稿源。就副刊而言副刊，開闢稿源是一件大事，是編者所應朝思暮想、寤寐求之的。中副目前的稿源暢旺，一天的收稿量，可供三天的需要而有餘。照這種情形，辦三個中央副刊，用稿都沒有問題。另一方面，稿量既多，選擇的機會也相對地多，能使各類稿件平衡，沒有畸輕畸重的現象，所謂「平平實實幾篇文章」，就是在這種情形之下產生的。

中副沒有稿約，沒有拉稿，完全是門戶開放主義，來也自由，去也自由。徵文是一個人或少數人出主意，而中副這種作法，近乎「無爲」，正如管子所說的，「以天下之目視，則無不見也；以天下之耳聽，則無不聞也；以天下之心慮，則無不知也。」雖無徵文之名，而有徵文之實——天天在作文章展覽，文章比賽，細水長流，一旦風雲際會，就有高潮，像六十一年的「一個小市民的心聲」，六十七年的「南海血書」，六十八年的「病榻心聲」，那一篇不哄動一時，深入人心！若非中副有一道敞開的大門，永遠歡迎任何方面、任何種類的來稿，何能致此？所以，中副是屬於大家的，它是一個公器，使用它的人愈多，愈能曲盡其用，而且盡得其利！

有一次我在訪問中說，中副不如友報的副刊好看，因爲她們是跳舞，舞姿曼妙，舞影婆娑，確實動人心目；中副是走路，有什麼好看呢？但是，中副肩頭上有復興文化，發揚文藝的使命，只有步步踏實踏穩，一尺一尺前進，每踏出一步，孔子的話就盤桓在心頭：——

士不可以不弘毅，任重而道遠，仁以爲己任，不亦重乎，死而後已，不亦遠乎！

副刊的實質與內容

副刊以文化爲體，文藝爲用，內與民族生命同呼吸，外與時代潮流相起伏，雖屬大衆傳播工具，有一個固定的外貌，而內容千變萬化，無由預知，主其事者，縱爲上智之選，若非成竹在胸，肆應多方，仍不免於顛躓，故致力於此者，必須具備應有的學識與技能，本著研究發展的精神，天天求進步，天天當做一個創刊號來做，天天以新面貌示人，庶幾副刊的功用可以顯示出來。

從表面看，副刊採用的都是文藝作品，但是，文藝如果沒有深厚的文化背境，那就沒有深度，而流於淺薄，無以感人。從這個角度看副刊前途，眞是一片錦繡，因爲中華民族的文化，源遠流長。聖賢豪傑，文人學士所留下的文化遺產，極其豐富，可以取之不盡，用之不竭。以此爲憑藉，則副刊無往而不利。

中國現代報業的開端，公認爲「察世俗每月統記傳」。在樸實的版面上，雖無副刊，而有「傳記」、「掌故」等副刊文字。「統記傳」標榜孔子的「多聞闕疑」，米憐等藉辦報以傳教，抱有宗教精神，手段是文學的，攀附在中國聖經賢傳上，頗饒文學的意味。此後中國的報刊，一直沿著文藝的路走。在「副刊及其編輯」一文中，我說：

——從中國報業史觀察，文藝可以說是中國報紙的主要實質。在西洋式的新聞形式未來之前，中國的新聞寫法就是章回小說的寫法，中國評論的寫法就是「東萊博議」的寫法。

副刊爲中國報紙一大特色，循著迂迴曲折的道路發展，又是在兩塊不健全的基石上建立它的殿堂，所以演進的歷程，異常艱辛。所謂不健全的基石：——

一爲通訊事業不發達。

即在今日，我國的新聞通訊，依然遠落人後，無待細述。報業先進在新聞通訊稿不足的時代辦報，除了一把剪刀，看家的本領，厥爲「述文藝以補白」，文藝遇缺即補，有充分機會登上報版，與新聞混合編輯，久而久之，遂以附庸而蔚爲大國，終以獨立的嶄新姿態出現。

二爲雜誌事業不發達。

質實言之，副刊乃是具體而微的活頁雜誌——凡是適於在雜誌上刊載的作品，也適於副刊的刊載。可惜雜誌雖立在中國報業的尖端，由一八一五年創刊的「察世俗每月統記傳」算起，都是月刊，即以「報」名者，如「新民報」，如「民報」皆爲月刊（「每月統記傳」即「每月雜誌」亦即「月刊」之意）。因其時民智未開，銷路不暢，一直未能發達，至今依舊。後來文學期刊，如「海上花列傳」等，相繼問世，塡補了這個缺陷，情形稍有改變，這是爲副刊鋪路，副刊乃得擅雜誌之利，據報紙之勢，在這個夾縫中，因緣時會，以生以長，以壯以大，嶄然露出峥嶸的頭角。

辦副刊，誰都想辦好，但不一定辦得好，其原因在內容不夠充實，不夠完美。內容的充實與完美，沒有標準，僅能隨各人的愛好、體會、素養來作決定。而且，副刊所面對的問題，是一個活的情勢，是隨著時代，隨著環境而變的，如果副刊編者忽略了時代潮流，不能「與時推移」，那麼，把副刊辦好的希望是不大的。

副刊的內容，至少有四點要兼籌並顧，才算周到：

一要雜　副刊的內容，貴能適應廣大讀者的需要，範圍一定要廣，內容一定要雜，才能多方面的適應。我們的經史子集，皆可引入副刊，而最合乎副刊要求的，似乎是雜家，亦即所謂三教九流的百家。

有人主張把副刊辦成「文學的」乃至「純文學的」，當然也是辦法之一。但是，我們知道，副刊和專刊有別。所謂專刊，其內容有一定的範圍，其讀者有一定的對象，例如家庭或婦女、兒童的周刊，其內容是討論家庭問題、婦女問題、兒童問題的，而讀者也限於婦女和兒童；副刊的範圍比這些都大，以整個人生、以人類心靈生活爲對象，自然不能用辦專刊的辦法來拘限它。所以，我們辦副刊，內容愈雜愈有活動的餘地，更有儘量發揮的餘地，而在作者，有場地各顯所長，在讀者，有機會各取所需，也惟有在兼收並蓄的作法下，副刊才有希望辦得有聲有色，多彩多姿，討大家的歡喜。

二要俗　副刊要通俗，要大衆化。辦副刊是爲每一位讀者服務。讀者之中，固然很多高人雅士，但絕對多數是普通人。高人雅士有特殊的修養，在精神方面，各有寄托，而一般的普通人，需要副刊的幫助，似乎最大，所以辦副刊要把重點放在一般人身上。

副刊偶爾也談學術，但爲了通俗，它僅能徘徊在學術邊緣，一旦討論問題，逐漸深入的時候，就要適可而止，牢守在話題的範疇上。一個理想的副刊是想做到「雅俗共賞」，每一位讀者，每天在打開報紙的時候，都能在副刊上找到他自己心愛的部分，仁者見仁，智者見智，深者見深，淺者見淺，大致就過得去了。

三要趣　副刊要有趣味，始能引起讀者的興致。一篇文章，內容太硬性，態度太嚴肅，無論寫得怎樣好，都不宜在副刊上發表。副刊的目的雖然是嚴正的，所採的手段卻是輕鬆的。因此，副刊所抱定的宗旨是：先求人讀，再將目的很技巧地納入字裏行間，移人於不覺。

趣，可以說是副刊的生命，只有有趣的事物，可望做到男女老少，人人喜愛。副刊所面對的讀者，正是社會上各階層的人物。假若不能在各階層通行無阻，而欲副刊發生影響，那就要差一點。所以，凡是能引起讀者興趣的，能使他們輕鬆愉快的，能使他們感動落淚的，能使他們高興發笑的，鼓勵他們，安慰他們，都是辦副刊分所當爲的所有事。

四要新　副刊爲活頁的雜誌，內容要新，縱然不領導時代，也要趕上時代。一個副刊好不好，就要看它的內容新不新，是否有時代的脈搏在這裏跳。副刊的內容是這個時代的心聲，作者在這裏呼喊，讀者在這裏響應，彼此心靈相通，聯成一氣，才能蔚成時代風氣。副刊的內容必須新，有些作品，雖然很好，而思想陳腐，便不能採用。倘有人將唐宋八大家的文章，在副刊上登一回，我相信是行不通的。副刊爲報紙的組成成分之一，其內容雖不能像新聞一樣，受時間的嚴格限制，至少也要「行樂須及時」，表現一種清新的格調。

「趣」和「新」，除了它們本身是副刊必具的素質之外，對於「雜」和「俗」又有限制的作用。不是任何種類的內容，任何通俗的內容，都可以闖入副刊的。把守副刊的兩位門神，一爲「趣」，一爲「新」，要合這個條件，而後雜中有醇，俗中帶雅，副刊的風格才優美，才使人今天看了明天還想看。所謂「循循善誘」，無妨在這裏作大膽的嘗試。

中央副刊的本色與本質

副刊可塑性甚大，一百個編者，編一百個副刊，有一百種編法。中國報紙自有副刊以來，彼此各不相同，不僅面貌有異，性質亦各有所偏，隨著時代、環境、需要而變化。認眞說，副刊以「文化爲體，文藝爲用」——文藝以創作爲目的，一切都是求異而非求同，分途發展，呈現萬流爭壑之觀，副刊才有特色，才有個性，也才有風格。

我們新聞界的先進，把「小報」和雜誌，變通一下，搬上報紙，成爲副刊，實在是智慧的產物；副刊在他們手裏，最先採用白話，最先使用標點，引進西洋學術，發展新文藝……樣樣都見到做到，奠定了以後發展的基石。所以，我們今天辦副刊，上有所繼承，才不致盲人瞎馬，胡幹一氣！因求新而鄙薄傳統，知用而不識體，對副刊而言，犯的是認識不足的錯誤！

辦副刊，須體用兼顧，所謂「存於內者曰體，見於外者曰用」，殆有如冰山。

冰山全高一千四百尺，七分之一浮於海面，其餘七分之六，都在水面之下。這浮於海面的部分，就是副刊的文藝之用；藏於水面下的部分，就是副刊的文化之體。香港以及南洋各地，何嘗沒有副刊，而文藝始終停滯不前，此無他，文化的憑藉太薄弱而已。所以，沒有文化作背境的文藝，等於插花——插花雖美，卻是人工的，一時的，沒有生命的，要它作爲文化種子，傳播開去，培植新生的一代，只怕是癡心妄想。那比插花稍高一等的，不過是盆景，雖有可觀，且有生命，卻不可能有夭桃穠李，百花齊放的滿園春色。香港人學國語，願意學台灣，不願學大陸，只因今天的大陸，文化掃地以盡，說話粗鄙，而台灣的教育普及，文化發皇，吐屬文雅；其間的差別，僅在於有教養與無教養，有文化與無文化而已。

中央副刊不敢自外於文化，其脈搏一直與民族的脈搏相表裏，與時代的潮流相起伏，其表面顯得有些平靜，而眞體內充，和人家爭一日的短長，或有不足，但如果作萬里長征，則不得不勉：它的責任使它不敢懈怠，經過長期的磨鍊，它的觸鬚是非常敏感的，因此，無論是二十年前的「人情味與公德心」，十幾年前的「一個小市民的心聲」，與夫三年前的「南海血書」，皆震驚當時，造成重大的影響，留下深刻的印象，提出副刊作品的標準，至於今日，依然「前不見古人，後不見來者」，眞是一件很有意味的事情。

編副刊，全心全靈灌注在版面之內，猶如揷花，只留意花姿花色，如何配合，如何調和，如何表現，至於花如何栽培，瓶如何製造，概不過問。其範圍旣小，所需的技巧也毋須高妙，自然容易入手；但是，如果要辦副刊，則經之營之，嘔盡心血，不見得就能有成；因爲這一切都在版面之外，隱藏在人心深處，有待慧眼的掃瞄，鐵腕的發掘，使發而爲文者，作之易而普遍；同時讀來深具趣味，能引起普遍的共鳴。換言之，這種有作者同時有讀者的作品，取之不盡，用之不竭，才是副刊的寶貝。

中央副刊很少說「培植新作家」這一類話，試想，大專院校的中文系、文藝系都培植不出作家，副刊何能大言不慚地信口開河？但，三十年來，中副與文藝界的朋友交往，一直是自由往來的，一直是相互敬重的，雖然退稿山積，未嘗禮貌有失。幾個月前，馬瑞雪寫信給我，說：「從前人家爭著向我拉稿，現在連理都不理我了，這是爲什麼呢？」我還沒有答覆她，我那裏知道人家會這樣對待她呢？

每年的春節聯歡茶會，作者如雲，無論年長年少，有名無名，其中不乏中副「出身」的人物，中副以有他們和她們爲榮，雖說「君子之交淡如水」，而彼此相親相愛相敬，卻始終如一。今年的聯歡茶會，轉瞬即屆，我們的文友將有機會再度證明我所說的是眞話。

上兩個月，本報在台北，在高雄，曾兩度作剪貼展覽，參觀者人數之多，實在出乎意外。剪貼展覽，與任何展覽不同。一般展覽可以走馬看花，剪貼重在內涵，必須駐足細看，始能心領神會，得其奧妙。就在此時，一粒文化種子播下心田，將有一個新的剪貼者產生，明年把新的剪貼簿提供出來，作更漂亮更充實的展覽！剪貼是作文的階梯，是打開智慧之門的金鑰，小學生藉此開了竅，提前把作文弄通了，使「國文程度低落」的呼聲，成爲歷史的陳跡，該是何等大事！如果從這個角度來看，這倒是「培植新作家」的一著遠勢碁！

中副和作者、和讀者，有充分的機會，面對面地直往直來，彼此開誠相與，從無隔閡，空氣之融洽，因「趣譚」之出現而更進一步。「趣譚」經過三年多的慘澹經營，已成讀者的寵物，竟到了「不可一日無此君」的地步。「趣譚」有趣，大家愛讀，大家也愛寫，因寫趣譚而走上寫作之路的，沒有上千，也有幾百。假如寫趣譚的還算不得新作家，至少也是准作家，中副不敢說培育了他們，卻敢說發掘了他們。中副的讀者，在閱讀中養成寫作的能力，一躍而爲作者，則中副之爲語文的輔導教材，是無庸置疑的。閱讀中副無異進修，不僅文字方面有進境，即在變化氣質方面，也是有潛移默人之功的。

七十一年二月一日

中副自白

——中央日報一萬號

歷任中副編者，對於本位工作，很少說話，除非情不由己，這纔籠統說那麼幾句。中副編者和本報的專刊編者不同：專刊編者是「掛帥」的，由他或她出名（本名或筆名）負責，而中副編者只是「影子內閣」的一個影子。他除了處理日常編務之外，對外僅爲聯絡人；他縱然不免以「編者」的名義寫信或發言，其所寫或所說，卻多是「大家的」意思，或者是大家決定了的方針，由他執行而已。

中副編者，因少說話，因少活動，外面遂以「孤立派」目之。對此，中副編者亦從未置辯，因爲我們自知不是「孤立派」，我們和社會、和讀者、和作者的接觸，從無一天間斷。事實如此，何待分說？不過，「孤立派」的背面意義，似有「自大」的味兒，這倒是我們承擔不起的，不得不設法破除這個誤解。

一方面我們固然少說，另一方面我們卻肯多聽。換言之，讀者來函，不管出自阿誰之手，都同樣受到重視。這點，凡是接得編者覆函的人，想來都可作證。但我們取信於人的範圍，沒有遭人誤解的範圍大，所以，我們雖曾暗中做了幾許疏通的工作，而中副與外界壅塞的現象，依然大部分存在。我們抱過大禹疏九河的宏願，欲打破彼此精神上的隔閡，曾鑄了兩塊「中副小簡」的鋅版，只因力不從心，總是備而不用的份兒居多，久而久之，其壅也如故，也就恝然置之。

文言作品與詩詞，出現於中副，有人指爲復古的傾向。不錯，這傾向是很顯明的，我們不能曲爲呵護。但今天課堂上在講授文言，社會上在翻印古書，又何能苛責中副？且文有眞貨，白有贋品，有易懂的文言，也有難解的白話，似未可一概而論。我們所應當心的，倒是使此傾向，不致蔚成風氣，匯爲潮流，走入迷戀骸骨的歧途，而忘記我們是處於科學的群衆的時代。

倘文言受指摘，弊在復古；則譯文受非難，又病在趨新。指斥譯文的，其詞之刻，其色之厲，其恨之深，都會叫修養工夫到家的人沉不住氣。一位不具名的讀者來信說：「中副用這許多譯文，乾脆改爲譯文版好了，中央日報也可改爲中央譯報！」對於這個指摘，我們只想舉出科學小品一端來說。我們的科學研究，廣度有待開拓，深度有待鑽掘，科學小品，要想求之我們自己的創作，縱非絕無，亦屬僅有，又怎能擯去譯文不用？若譯文一無可取，去年本報出版的「勵志文粹」，怎能在半年內銷去二萬册，而今一本無存？那裏面不全是譯文、不全在中副發表過嗎？所以對於譯文，我們所當措意的，在其內容是否值得介紹，譯筆是否信實，有無半中不西的臭味，其餘似可不必深究。至若典故亦洋，笑話亦洋，語錄亦洋，非洋不成其爲副刊，那誠然是害洋病，眞該請外科醫生動手術了。

讀者對副刊常以個人的愛憎爲出發點，所持標準未必與編者盡同，所以有種種差異。實則種種差異，即令是病，也不過疥癬之疾。因此，我們雖受指摘，殊少內疚。橫豎編者難做——爲「人」則「偏」，發「言」則「諞」，總難八面玲瓏，面面討好。我們所認爲大病的，厥爲作者們對於中副的特別需要，似乎是小心順應的居多，敢作大膽嘗試的反而少見，至於揣摩編者個人好惡爲投稿捷徑，實最不足爲法。因爲投稿的眞意所在，貴能以作品使刊物的理想實現。再說，中副對於各種體類的作品，無不歡迎，並不限定「稿約」中列舉的幾項。但闖關之人太少，因而它也悶在一個狹窄的圈子裏，我們應該坦誠相告：中副是需要長進的，它不以目前的「成就」爲滿足；中副是需要前進的，它馱有時代的任務，要走到它不曾到過的地方！它要擴大它的視野，它要增強它的腿力，它不敢固步自封。爲此，我們特別歡迎作者們的合作，特別歡迎讀者們的指教！

四十五年三月一日

副刊論

中副的里程碑

一、第一百個月

本刊編輯室，保存著兩份中央副刊：一份備查考，從五十年八月一日起，迄於昨日（五十八年十一月三十日），完整無缺，其中大部分，在聯歡茶會中都展覽過；一份備剪貼，如編印「中副選集」、「我的座右銘」等等，就用得上，早已殘破不全。保存的方法，是將每個月的中央副刊，摺成四摺以後，盛在一個紙匣內，可分可合，運用方便，紙匣又能直立，背脊上寫了年月日，頂端編列號碼，更易於還原。上個月適逢第一百號。因爲對於整數不免情熱，有幾句話要借此機會說一說。

一百個月的中央副刊，有三千張，包含四千萬字，陳列出來就是一部活頁的百科全書。這麼豐富的內容，如果善於利用，從八年前起，天天閱讀，興致來時，也寫幾筆，僅須稍有文字基礎，積八年之功，不寫成一個作家，也寫成半個作家了。

讀中副有助於寫作的實例，我們有眞實的資料可憑，深信不疑；再以我們自己爲例，在工作崗位上，服務既久，摸清了副刊的每一根神經，日積月累，連續三千天，也有一些心得。倘世間有「副刊博士」學位的名目，我們應有報名參加的勇氣。我們深深覺得，副刊的編輯桌，是一個工作的崗亭，也是一個學習的座位。它既然是心靈的產物，容得我們研究發展，也容得接觸它的人個個長進。讀副刊已不能純全視爲消遣，便是副刊境界提高的明證。

副刊的機能是多元的，其範圍利於廣，其內容利於雜，其程度利於淺，其意味利於趣，最當使集體智慧發揮得淋漓盡致，所以副刊的指標，不是幾篇哄動一時的文章所能表明，我們必須數一數，當代的智識份子，有多少人讀它，有多少人爲它執筆？他們所提供的作品，是否正合乎讀者的味口？讀者讀得過癮，大家喜歡讀，又喜歡反映出來，作者受到的鼓勵才大，而寫來也才起勁。這樣相激相盪，把副刊推到時代潮流中去，要什麼有什麼，攤開副刊，就無異山陰道上，有應接不暇之勢。我們竭誠服務，積三千天的努力，所期待的就是這一天。但是，任重道遠，再努力一百個月，也未必能做到！

五十八年十二月一日

二、三年

五十年八月一日，本刊和「綜合副刊」合併，由八批擴充成十六批，篇幅倍增，佔本報總面積十分之一，歲月易逝，至今屆滿三年。語云：「三年有成」，以報紙無窮的生命，進步永無已時，本刊爲本報小小一分枝，不敢說有任何成就；特三年以來，各報副刊，皆銳意革新，有足觀者，本刊不得不勉而已。

擴充篇幅最大而又最初著手者，爲中華日報副刊。他們爲了對文藝作更大的貢獻，使用了八分之一的篇幅，爲前此所少見。本刊繼之，而篇幅僅當其五分之四。在此有一點可告慰於讀者諸君者，厥爲本刊在採取擴大措施時，不限於量的增加，還兼顧到質的改進，故於方針的釐訂，內容的充實，以及版面的設計，曾集多人的心智，作再三的考慮，結果大致令人滿意，尤以版面的清爽爲然，所以走在前面的中華副刊，願意放棄其舊版面，另以新面貌示人；其他的副刊，也有或多或少的改變，乃形成各報一項無聲無臭的革新運動。

副刊在若干人士的心目中，還殘留著它往日的印象，認爲它是純粹的消遣品，即今日所追求的興趣性，也沒有完全拋棄其一脈相承的傳統。但它在提供消遣品時，早已添進幾許情趣和理致，直接訴之心靈，間接達於人生，使副刊像一株荷花，從舊日的污水淤泥中挺出，不沾染一點泥氣息、土滋味。

不錯，副刊是反映現社會的一面鏡子。它的讀者衆多，反映出教育的普及；它的作者人才輩出，反映出自由的空氣，足以使人把創作衝動無拘無束地表現出來，只要合乎文藝的要求，就能得到讀者的共鳴。大家有錢訂報紙，有閒讀副刊，反映出自由中國的安定與繁榮，而副刊的逐年進步，正是與社會的步調一致的。同時，我們置身在一個動亂的時代，心中不免苦悶，發而為文，也都藉副刊以宣洩，成爲眞實的反映。

辦副刊，第一個目標是要有人閱讀，第二個目標是要使人閱讀而受益。我們還要堅持第二個目標的貫徹，因爲我們不自量力，認爲助長心靈的健全，我們應擔負起一部分責任！

五十三年八月一日

三、第七年開始

中央副刊，以民國五十年八月一日擴版，時間易過，今忽已滿六年，雖談不上什麼紀念，而其演進之跡及其所以引人之道，還是值得一述。

到過本報主筆室的人，都知道這裏保存了一份完整的中央副刊——自五十年八月起，每月一匣，背脊上有編號，迄於上月，已編到七十二號了。每個紙匣所盛的中央副刊，共三十天或三十一天，從六年前的今天開始閱讀中央副刊，一天不間斷，他已經讀了三千二百四十萬字。若改裝成二十萬字一本的書，這數量可裝成一百六十二本「中副選集」，足當一部百科全書，而作者們的集體努力，至堪驚人。

憑著這些數字，讀者可以發見，中央副刊所有的特色，差不多都是獨具的。我們現在要指出的一點，便是它內容的「雜」，表明範圍的廣，因此，讀中央副刊者，必須具有多方面的興趣，倘此興趣尚未養成，也要從不斷的閱讀中，逐漸養成，然後才能享食髓知味的樂趣。

一般的看法，總是輕「雜」而重「純」，實則副刊的能事，在「雜」不在「純」，理由是：惟有「雜」，而且「雜」到無以復加，內容才有千變萬化的可能。中央副刊，別說讀者今天不知它明天是什麼內容，是什麼面貌，即令編者本人也預料不到。底牌永遠不揭開，則常能引人入勝。

再說，「雜」的文章不大好寫，也不大好編。以掌故來說，說來固然輕鬆愉快，而時間地點弄錯，立即發生問題。人智有限，見聞難周，不免有錯誤，所以中央副刊的「更正」，時有出現。明眼人知道，這是它的缺點，也是它的優點。倘我們走純文藝路線，人物是虛構的，他的活動與時間空間沒有關係，則無所謂錯誤。

這個事實，說明辦副刊「雜」之不易，倘無勇氣冒犯錯的危險，就不敢越雷池一步。這樣將斲傷副刊的生機，權衡輕重，我們寧可獻醜，不願藏拙。

不過，「雜」的副刊，也是「深」的副刊，如何才可以做到雅俗共賞，老少咸宜，乃是今後所當追求的目標！

五十六年八月一日

四、十一年開始

十年前的八月一日，本刊擴版，加大一倍，以時代的觸鬚，向副刊的新領域和新層次探索，三千六百天過去了，是得是失，正自難言；然半生心血，半耗於此，對副刊的神經末梢，每一根都曾摸過，所知漸多，心不敢粗，氣不敢浮，惟隕越是懼，一天一天的數，日子是不大好過的。

辦副刊，像船在海上航行，所走的雖是一條線，卻須熟悉航路所經的那個水域。在海洋裏，未知的因素很多，而每一個未知數都關繫著船隻的吉凶禍福。因此，我總覺得，這實在是一場賭博，勝負固與技術的高下有關，運氣的好壞卻占很大的比重，第一流的能手未必享第一等的清譽，只怕也是「文章憎命達」吧？

副刊爲心靈產物，從工作來看，它是工作，從問題來看，它是問題，二者必須兼顧，而後可望得其平衡。副刊最基本的要求是把手頭的工作做好。原稿通過編輯的程序，無論排字校對，都要盡心協力，使做出來的副刊，像一桌家常便飯，吃起來，飯中無沙粒，菜中無骨骾，味美可口在其次，且喜咀嚼時牙吧骨未受震撼，明天還有興致再吃。倘能做到每天不使人失望，自然日久天長。

記得虞君質先生生前，在中副發表一篇文章，中文夾英文，五千餘言，不僅文字無誤，標點符號也個個正確，他特寫信來致其驚喜之意，稱道不已。我當即將信親交王美華小姐，因為當時她默默地為中副做了好校對工作，積年辛苦，只有她才受之無愧。我要補充一句，就是她的後任，也是成績斐然的。這裏暗藏一個有力的因素，文章發表出來，錯誤如果很少，可讀性即可高度發揚；由排校正確所建立的信譽，始足以招致第一流的作品，聯翩飛來。

側重開拓的副刊，把工作做好，才顧到今天，要把問題想透，兼顧到明天，為下一步預作安排，有本有末，天地自寬。把問題想透，不僅要思前想後，樣樣都顧到，尤須多諮詢，多商量，多檢討。任何設計，必須作者拿得出來，讀者願意接受，才可以試行，試行有效，而後徐圖發展。四年來的中副，只在「平實」二字上用心，從不希望奇蹟出現，今進入第十一年，亦不過是更平實而已。

六十年八月二十二日

中副內情

任何人當中副編者，都要遇到一些棘手的問題；而問題的求得解決，又不在他的權限之內，以致問題成爲死結，弄得外不諒於人，內有怍於己，重重誤會，種種非難，皆因緣而至。對此，做編者的，除了默爾而息，加強心力，以承受更多的苦惱，擔當更多的勞怨外，別無法想。

中副第一個困難，出在篇幅上面。爲剖明眞相，現在無妨將各報副刊的字數，作一次比較：

一、中央副刊　八、三五二字
二、中華副刊　九、七二〇字
三、新生副刊　九、九九一字
四、聯合副刊　一一、六六四字

由此可知，中副的容納量最小，各報副刊都比它多出一千三百字到三千三百字；

各報副刊有迴旋的餘地，而中副沒有，正是它的痛苦所在。中副不僅面積狹窄，出版時間更有間歇——它一週之中，只有四次。這比新生副刊一週三次，固略勝一籌；比中華副刊一週六次，聯合副刊一週七次，則顯然瞠乎其後。再說，這四次時間的分配，也不均勻——星期六、星期日、星期一（在本報第四版下半頁，其餘在第六版上半頁）接連三天都有，過此則須待二日，至星期四始再見，而完成一週的循環。中副受到雙重的限制，欲登長篇，殆不可能；但我們試用過「三日連載」，以救其缺。實則這裏所稱的「連載」，亦僅四千五百字上下的文稿而已。我們更用過名副其實的長篇，但那對中副而言，是超過了它的負擔能力的。

另一方面，中副每天收到的稿件，數量甚大。如果來稿每篇都合的話，則其一日之所入，足敷十日之所需。莊子說，「以有涯隨無涯，殆已」。不幸中副正是這種情形。中副的稿件，其數量既爲其容量的十倍，那麼，退稿要高達百分之九十，乃至更多，實屬不可避免的現象，所以中副的編輯檯之形同「絞架」，並非由於編者生性嗜殺，實有不得已的苦衷。倘如我們的篇幅不是巴掌這麼大，退稿中有許多都是可以再加考慮的。作者把一度來中副作客的稿件，改投他處，同樣受到歡迎，登在顯著地位，他們心中怎能得其平？他們又怎能不疑心中副編者有私心，甚至罵中副「鐵幕」高張呢？

對於字數問題，作者與編者考慮點之間，有很大的距離。此在作者是無所謂的：假如文有漏義，只須增補進去，倘如意猶未足，加一兩張原稿，也不費吹灰之力。然而，編者必須儘先考慮到字數，因爲他採用一篇稿子，稿子上的每一個字，連同每一個標點在內，也都要爲它們在版面上預留地位。而且，由文字變成鉛字，中間還有一些技術問題，必須解決，一些機械設備，必須適應。這些全是編者的事情，而作者不察，仍以路一般長的作品投來，希望他用掌一般大的紙幅，妥爲安排。編者既不能念動眞言，使紙大如天，那就只有對長文興嘆，無可奈何。我們從工作中體會到，如果作者具備一些印刷經驗，這事情就好辦了。

稿件之中，創作而外，要數譯文爲最多，而譯文帶來的問題也最大。譯文的取材多來自幾本「文摘型」的美國雜誌，如「讀者文摘」、「品珍」、「皇冠」等。它們聯袂到達自由中國時，譯文的浪潮，即隨之而起，同一篇原文，可能在數日內收到幾篇譯文。這種一月一來復的情勢，有如女人的月經，常使編者頭痛。試想，閱讀由同一原文譯來的幾篇譯文，編者僅能「多中求一」，則其精力時間的消耗，豈止「事倍功半」而已？

譯文無異「一氣化三清」的李老君，它們是原文的分身法，它們可以投到「貴刊」來，同時可以投到別處去，倘如一著落後，讓人搶先，立刻會使副刊蒙上尾巴之恥，抄襲之嫌。因此，編者先生們都視譯文爲畏途，抱定「不用則已，要用就快用」的宗旨，非僅中副編者爲然也。

來稿中，以比例言，只怕以新詩爲獨大，這裡不能不特別一提。詩在文藝中具有最難捉摸的特質，最難達到的境界。但若干投稿人，驚其美妙，欺其簡短，便不顧一切，挺身一試，自然難望馬到成功。這樣誤解新詩，結果便是：通讀全篇，只覺有字而無句，有句而無章，有章而無篇，有篇而無情趣意境，全無詩味；至於以高呼口號爲熱情，大叫哎呀爲痛苦，再加上一兩個驚嘆號，以表露其不可克制的情感者，那就離詩更遠了。中副所用的新詩，不敢說首首都好，卻敢說每一首都是從幾十首中選出來的。因爲詩更接近藝術，我們在處理時，態度特別慎重，而對於新詩的要求，也來得特別嚴格，直如老太婆之挑選女婿。

本來，編輯過程就是選擇過程，而選擇的結果，便有勝有負，有樂有苦，是一件「幾家歡樂幾家愁」的事情。中副以狹小的篇幅，應付繁多的稿件，經濟上供過於求的現象，遂在此尺幅之地發生。身爲編者，對於退稿，已屬家常便飯，但每次想到成堆的稿件，無非作者的心血，而偏偏退稿如此其多，簡直稱得上「殘忍」時，也有傷心慘目的時候。有些投稿數年不見隻字的投稿人，難免不疑心是所謂「人情稿」在作祟。中副不免有人情稿，但它視「人情稿」，完全和投稿一樣，也許取捨的標準還要嚴格些。因爲它深知：發表是最有力的鼓勵，它只有不迷信高人，不輕視新人，不縱容熟人，才能使每篇稿子，不問其來源如何，各依其成就的高下，得其應得的結果。

此外，還有「包辦」之說。這是毫無根據的，因爲任何副刊，縱然篇幅小得像中副這樣的也包括在內，就沒有一個是幾支筆所能「包辦」得了的。那麼，爲什麼只常見幾個熟名字呢？這，好有一比：你身上受了傷，便時常覺得碰了痛處，實則未傷之處也時常碰著，只是你沒有感到痛罷了。同理，那些熟名字，你早已「如雷貫耳」，今再見之，適足以加深印象，而那些陌生名字，你正眼也不瞧它一眼，或在一瞥之後，遽爾遺忘，以致在你記憶中，只賸下一群熟名字，而漫把「包辦」的罪名加在他們和編者頭上，這難道公正嗎？

作者和讀者對於副刊的要求是多方面的，編者置身兩大之間，事齊事楚，不敢畸輕畸重。一個編者，且不管他個人的學識能力如何，決不能輕視他肩上的責任。編副刊雖屬小道，但與一時代的文風多少有關，而文風與國運相連：他可以讓人「包辦」，可以講人情，而不可因「包辦」，因講人情而敗壞文風，斲傷國運，所以他必須在他的工作崗位上作種種的抵抗，即使勞怨集於一身，也要盡心竭力而爲之，落得個身心清泰。

至此，或許有人會問：中副到底要辦成什麼樣的副刊？我們的答覆是：遠一點說，我們希望達到「尺幅之內，有千里之觀」的境界；至於目前，如果它能做到「疏疏淡淡幾根線條（形式），平平實實幾篇文章（內容）」，也就差強人意了。

四十四年二月一日

副刊講座

第一講　副刊是什麼?

我們的「副刊講座」，在開講之先，要解答「副刊是什麼?」這個問題。等到我們把它弄清楚以後，再往下講，才不致無的放矢。

然而，解答這個問題決不像提出這個問題那麼簡單。副刊太平常，大家天天都看見，知道它是什麼面貌，有什麼內容，遂不加深究，連副刊編者也少有窮追力索的，所以在新聞學著作裏面，至今還找不出一個副刊的定義，足以恰切說明副刊的本質，幫助我們對副刊的了解。

據我個人的初步研究，試作了一個副刊的定義，現在寫出來作我們討論的課題。當然，這定義並非十全十美的，只是希望提供一條線索，讓大家思考。

我為副刊下的定義是:

——副刊是一種綜合性的活頁雜誌，其構成成分以文藝爲主，附屬於報紙，作不定期的刊行。

定義中包含三個要點，理當分別說明。

一、綜合性的活頁雜誌

縱觀新聞事業史，報紙雜誌原是一家，至少可以說是同出一源；現在，由於時代的推移，它們又走到一條路上來了。彼此的內容，本質上並無不同，僅形式上還有散裝、整裝的皮相之別。報紙根本的特質是報導新聞。自美國「新聞週刊」（News Week）這類刊物出現以後，雜誌也報導新聞，報導新聞這一特質，遂不爲報紙所專擅。報紙雜誌的內容，自來有交互滲入的現象，於今尤爲顯然，則二者不僅同源，抑且合流了。

報紙與雜誌，始既同源，終復合流，則我們說，副刊是報紙上縮小了的活頁雜誌，該不是驚世駭俗之論。其實，這種論調，早有人唱過。丁伯騮說：「我心目中的副刊，應該就是一個具體而微的雜誌——綜合性的雜誌（報學雜誌，一卷五期）。按之事實，副刊所載的一切作品，俱不出雜誌的範圍。這就是說，適合於雜誌刊載的，也適合副刊的刊載，所差的只是，副刊是一個單頁，容納量不如雜誌而已，連散張和整裝都算不得它們間的鴻溝。因爲清末的官報，作法不離「日出一張，月成一册」，而後來的副刊，一直繼承著這個老套，每每將一個月的副刊集合起來，裝成合訂本發售。五四時代聞名全國的四大副刊——民國日報的「覺悟」，時事新報的「學燈」，晨報的「晨報副刊」，京報的「京報副刊」，都是這樣的。若各報副刊的合訂本可以視同雜誌，則每天出版的副刊，不正是活頁的雜誌嗎？

雜誌，英文爲Magazine，有「倉庫」、「武庫」、「火藥庫」、「資源地」等義，其內容之廣泛龐雜，自不消說。所以，我們在定義裏用「綜合性的」這個形容詞，似有疊床架屋之嫌，純屬多餘。其實不然，因爲雜誌在發展中分化得很利害，粗略言之，上冠以「綜合性的」，正足以說明副刊的性質，庶不致與「專門性的」文藝專刊發生混淆。

二、其構成成分以文藝為主

文藝與副刊的關係，異常密切，但並非密切到表裡一致的程度，因此，我們不能說，不是文藝作品，副刊即不刊載。在「副刊是綜合性的活頁雜誌」這個命題下，那種「副刊即文藝，文藝即副刊」的看法，乃不合事實的忖度；緣此忖度而想把副刊辦成文藝的刊物，也是不切實際的主張。於此，我們且來看看事實的另一面：副刊一旦辦成純文藝的刊物，它立刻就會變質，變成文藝專刊。文藝專刊應歸入「專門性的」範疇之內，勢必要排斥「綜合性的」這一特質。且不說這會和我們前面的立論相悖謬，根本上更不能在副刊裡面去找根源。所以，我們儘可增加副刊文藝的比重，多用文藝的作品，但不能把它辦成純文藝的。

一方面副刊不能離開文藝，一方面副刊不能全屬文藝，則調和於其間，不是很困難嗎？是的，我們現在的著力處，正要設法解脫這一重矛盾，使副刊的特質裸露出來。我們承認文藝在副刊中的重要性。因爲在構成副刊諸般成分中，文藝是一種主要的成分；在諸般成色中，文藝又是主要的成色。所謂「以文藝爲主」，便是副刊園地裏的花花草草，枝枝節節，其養料必須取給於「文藝」，俾散發出文藝的幽香，籠罩著文藝的氣氛。

三、附屬於報紙，作不定期的刊行

副刊是報紙的一個部分，但她不幸是個養女，在重視副刊的報紙，縱然把她當掌上珠看待，她和報紙仍然不是血親。副刊既不是報紙絕對不可少的部分，而世間也儘多沒有副刊的報紙，且沒有副刊的報紙依舊不失其爲報紙。所以，就報紙來說，副刊是可輕可重，可多可少，可有可無的。明乎此，我們就不致過高地估計副刊，倒能還她一個本來面目。

在「副刊」這個名目未創用以前，大家慣叫她爲「附張」。「附張」是對「正張」而爲言的。報紙上的副刊文字，總是安頓在末尾一、二版，或者附出半張。報紙爲刊載新聞而發行，那新聞各版既爲「正張」，副刊自然是「附張」了。由副刊在報紙上所居的版次看來，副刊對於報紙的附屬性，愈是表面化；而喧騰於衆口的所謂「報尾」，所謂「報屁股」，都赤裸裸暴露副刊在報紙上沒有獨立的地位。

這種情形，如果將雜誌和副刊作一比較，在尖銳的對照下，副刊的附屬性更爲顯明：

有獨具名稱	多以報紙的名稱冠之
有發行人	以報紙的發行人爲發行人
單獨發行	隨報附送
有編輯政策	以報紙的政策爲轉移
要登記	無須登記

現在，繼續講副刊的刊期。

從上面的檢討，已可隱約窺知副刊爲不定期刊行的消息，這是孕育在她的附屬性中的。副刊的刊期不一定，乃由於她是報紙的旁枝而非主幹。副刊的作品，沒有時間性，緩一二天出和當天出，沒有什麼大區別，她的篇幅正好作爲調節版面之用。所以往往因爲廣告擁擠，報紙就不免借用一下副刊的篇幅。副刊的刊期，原已不定，有的報紙天天見報，有的隔日見報，今因報紙爲廣告借用副刊的篇幅，副刊又多一個停擺的機會，其刊期更不一定。

在這裏，自然要發生一個疑問：既然副刊這般無足輕重，報紙何貴乎有副刊呢？答案是：報紙是個多面體，它要統攝社會各面的眞相，也要供應社會各面的需要。倘如報紙的內容淺窄，枯燥乏味，不能與讀者生活相表裏，則其前途，實難樂觀。從前美國加州的Day Book，創刊於一九一一年，因不登廣告，家庭主婦無從得悉百貨的市價，五年以後，即告關門；舊金山的Municipal News，創刊於一九一二年，因缺少電報，缺少社論和政治新聞，雖不取費，也不受歡迎，不久也停刊了。這都是殷鑑，感覺銳敏的報人都引爲深戒。

副刊自誕生以來的數十年間，對報紙，對文化，對革命，都有過特殊的貢獻，凡是留心副刊發展史的人必能如數家珍，一一指點出來，只是這裏不能備舉了。

第二講　處稿的經緯

副刊編者的工作，從頭到尾，只在處理稿件。副刊編輯的好不好，繫於稿件處理的當不當。所以編者對於稿件，不管長篇短什，不管採用退還，都要負起全部責任。

第一，編者應對作者負責：作品乃作者心血的結晶，縱是片言隻字，上面也寄托著一個希望。這個希望的實現與幻滅，影響往往很深很遠，尤其是初學寫作的人爲然。試看作家們的自述，第一次投稿常使他們和她們沒齒不忘，而那最初一個希望的實現，更爆發一顆終生致力創作的野心，你能說你手裏那些紙頁無關緊要麼？

其次，煸者應對讀者負責：副刊採用的作品，每一篇，每一字最後都要向讀者交代，因爲他們才是副刊的消費者和鑑賞者，副刊是爲他們而存在的。一個沒有讀者的副刊，猶如一個沒有顧客的商店，那是無法想象的。因此，副刊編者對於讀者的反應，常抱一種過敏性的警覺，那也不足爲怪。

再其次，編者應對報紙負責：關於這點，我想無須多作說明，因爲倘如編者既能對作者和讀者盡到責任，即對報紙盡了責任，難道報紙所責望於他的還有比這更高的要求嗎？

我們其所以未談處稿先明責任，乃基於一個認識：只有勇於負責的編者，才能編出負責的副刊！只有認眞的精神灌注在字裏行間，才能把副刊編好！

處理稿件，千言萬語可併做一句話說：因稿制宜。此猶醫生處方，或針或灸，必須針對病情體氣，斟酌損益，然後所投藥石，可望著手成春。處稿過程，是一條紆迴曲折的道路，且崎嶇難行，邁步其上，須有腿力，也須有耐性。所幸這條路，有五個站口，足供我們歇腳，現在逐一介紹介如下：

一、閱稿　此所謂閱稿，其惟一目的在決定稿件是否可用；而等待審閱的稿件，以此時數量爲最大，所以要眼明手快，才能節省精力，經濟時間。因爲副刊假如是一個人負責，稿件擁擠，頭緒紛繁，工作相當吃重，在開始這一段，必須匀出時間精力，準備用在那些精緻的地方。比如說，刪改稿件，就一點不能取巧賣乖；要多用一點心思，才有把握改得比原文略勝一籌，刪得比原文差強三分，否則不能隨便落墨。

審閱稿件，最宜心平氣和，使心成爲一片明鏡，以便客觀地鑑定作品的好壞。據我個人的經驗，閱稿的感受是如此：「閱稿時，愈不費力，愈是好作品；愈吃力，愈是不好的作品。讀好作品，如急水輕舟，欲罷不能，讀不好的作品，如破路牛車，欲行又止。難辨別的，倒是那些介於好壞之間的作品，你說不好，它文理通順，毫無錯誤，你說好，它又似乎缺少一點什麼，不能使人有感動一類的享受。」（拙著：報學研究：編輯手記）

受審閱的稿件是經歷一個選擇的過程，其自然結果有二：合則留——留待再審；不合則退。今先言退稿。

二、退稿　凡是不合用的稿件，都應儘速退還作者。因他們的稿件，這裡雖然用不上，未必改投他處也用不上。所以要把稿件妥速退回，俾他們有充裕的時間，爭取第二個發表的機會。譯文和有時間性的作品，退的要特別快。至於那些不高明的稿件，本該送進字簏的，也以物歸原主爲宜，表示編者重視作者的心血；同時，他們接得退稿，自知這回落空了，省得天天早上翻副刊感到失望，當算得編政中的「仁政」。

退稿有許多原因，文筆不佳，特其一端而已。凡用鉛筆寫的，退；兩面寫字的，退；過時效的，退；見於他報的，退；與報紙立場不合的，退；意識不正確的，退；論調陳腐的，退；開罪於人的，退；……只要合乎公道，儘可以退。你只愁副刊辦不好，別怕稿件退得多，開罪於作者，不再有人投稿，會鬧稿荒，終至打破自己的飯碗。其實，稿子是走熱路的怪物，愈難投上的副刊，稿件愈形擁擠，你大可安心。

三、改稿　不合用的稿件已退，剩下來的，也並非就可發稿了，還有待於删改。改稿，最簡單的是以字易字，例如，Italy的譯名，如果某報一貫是用「義大利」，而來稿是用「意大利」，爲求譯名統一，「意」就非改爲「義」不可。美國各報有所謂Style者，對專有名詞等，有明文規定，要編輯人員信守；我國只是習慣爲此，還不像人家那般苛細，否則，原稿將改不勝改。

「改」之外還有「刪」，而刪比改更進一層，是一種去蕪存菁的工作，其最高境界，便是劉勰的「字去意留」（文心雕龍），而張岱於「割愛」一端，說得最爲淋漓痛快，切中肯綮。張岱在「與王白嶽」中說：「夫割愛之法，必曠觀於未有『廉書』之前，更置身於既有『廉書』之後，大著眼孔，冷著面皮，硬著心腸，濃磨墨，飽蘸筆，凡正史鴻書，爲人所爛熟者則塗之；凡御覽廣記，爲人所生造者則塗之；凡稗官小說，語近於諧謔者則塗之；凡佛道記錄，事涉於荒誕者則塗之；凡就成豔異，意屬於淫冶者則塗之。……」一塗再塗，結果如何呢？「如良工以栴檀減塑佛像，去一斧則妙一斧，加一鑿則精一鑿」（瑯嬛文集）。可見刪改乃施於原稿的精工細鏤，其結果，不僅是消極的去蕪，更是積極的存菁。這樣一來，直接可使文字簡潔，間接可使內容精粹，編出來的副刊，不求其精彩而自精彩。美國「讀者文摘」，所用作品，多是發表過的，而經過「文摘」編者天衣無縫的節縮，原文的精華盡在，試問那是何等藝術手腕！

四、壓稿　這是介乎退稿與用稿之間的一種情景。在諸多稿件中，有些可退也可用的，但因其來頭太大，編者對之，便採取一種不退也不用的手法，以靜待時機來臨，再作區處。

若無人爲的因素作用於其間，壓稿完全是正常的現象。因爲稿件擁擠，篇幅有限，一時用不完，供過於求，稿件當然不免有積壓。同時，稿件種類很多，貴能配合使用，以免副刊內容失其平衡，則同樣性質、同時投到的作品，亦不免被壓。又有的稿件，乃應時應景之作，非挨到某天發不妥當，例如，有關中秋節的稿件，最好是在舊曆八月十五日見報，而中秋未到，稿件先到，將稿壓下不發，實理所宜然。

然而，有時編者也把「壓」當做手段來運用，以應付那創作慾強、名利心重的人。他們類多爲多產作家，你多多發表，正是鼓勵他快快寫作，只有一稿在手，壓住緩發，使他穩知你那裏還有稿待用，庶不致接二連三惠稿。那麼，既然這麼費事，何不退了他倒痛快些？苦就苦在退不得，因爲你退還甲篇，等於向乙篇促駕，它必快馬加鞭，趕路而來，你不是自找麻煩嗎？倘如你把他的稿件壓到相當時候，他有些忍耐不住了，來信說：「拙稿如不合貴刊之用，敬祈賜還」，這便是一個上好的機會，把稿還他，一點不著痕跡，豈不兩全其美？壓的妙用在此，無以名之，姑名之曰退稿的藝術。

五、發稿　在副刊編輯過程中，前述諸大端，都是發稿的準備步驟。它們都是個別處理，重在分析；到了發稿，則須選出若干篇，設法組織起來，則重在綜合。分析如紡紗，綜合如織布；紡紗是絲絲縷縷的紡績，織布是經經緯緯的織造。這時要注意到長稿短稿的伸縮（字數），硬性軟性的配合（內容），散排整排的調製，橫題直題的運用（版面），都要各得其宜，因爲版面的美化，與發稿的匠心，息息相關，必須求其絲絲入扣。倘能做到形式與內容合一，正如美麗的靈魂寓於健全的身體一般，那就求之不得了。發稿不簡單，我們將於第三章，「版面的藝術」再談。

第三講　版面的藝術

稿件經過一閱、二審、三刪、四改之後，已經合乎副刊的要求了；剩下來的問題，便是如何把它們編排在一起，拼成一個整版，做一席五味調和的菜端上桌來。作品是副刊的內容，版面是副刊的形式。有內容無形式的副刊，是一塊未經雕琢的和氏璧，有形式無內容的副刊，是一座沒有靈魂的石膏像，兩皆失之。且副刊內容以文藝爲主，表現在版面上，必須合乎美的標準，而後可以悅目怡情，所以編者在版面上用些工夫是值得的。

版面不單是一個外形，也不是一下子就形成的。說得神秘一點，它是生長出來的，與發稿相終始——開始發稿，便是版面的胚胎；稿子發完，便是版面的完成。所以發稿過程中，稿件的長長短短，零零整整，題目的大大小小，橫橫直直都要兼顧到它們在版面中佔甚麼地位，是甚麼形像，而更重要的，是把這些長長短短，零零整整，大大小小，橫橫直直的字粒，組合成一個整版，旣有錯落之美，復得變化之奇，遂令尺幅之內，有千里之觀。版面能做到這一步，就算是達到極致了。

對副刊版面加以分析，不難看出，它是由文字、圖畫、線條組織成的。所以，版面的設計，不外乎文字、圖畫、線條的適當運用。這是要逐項說明才弄得清楚的，現在就不嫌瑣屑，一一解說下去吧。

一、文字就是鉛字，除了排「正文」的新六號字而外，還有做題目的較大的各種字。例如題目字，通常都比新聞標題用的字號小，最大的只用到一號正楷，而以二號字（包括二號、二號黑體、二號長仿、二號正楷）用得較多，其餘三號、四號、五號字，只做小題目。

文字的排法，無論是「正文」或「題目」，都是直排的居多，橫排僅能視爲求版面變化的手段之一，且橫排仍然由右而左——和英文採取相反的方向——算是正規的排法。

作品的文字，編者如不加註明，它每行的字數都按照「欄」或「批」的高度來排，通常每「欄」或每「批」的高度，等於九個新六號字的長度，那就是說，每「欄」或每「批」可容納九個新六號字。「欄」數愈多，變化愈大。由此可以推知，欄數少的副刊，受的限制很大，那是不大好編的。

文字的排法，可因改變「欄」的高度而生變化。比如說，你可以將兩欄併作一欄，把文字排成「長二」（即文字的長等於二欄之意），你可以將五欄高的地位，改排成三欄（簡言之爲「五作三」）。這樣加以變化，版面上的文字有長短，如果運用得宜，版面就不會出現呆相了。

二、圖畫應該包括刊頭（如「中央副刊」、「新生副刊」），銅版、鋅版，以及文前文後的小鋅版。副刊的刊頭，等於它的招牌，有的佔著固定的位置，如「中央副刊」，有的則作調節版面的一個籌碼，位置不定，如「新生副刊」。銅版、鋅版不一定常有，倘如要介紹某畫家的山水，則用銅版；倘如用木刻或漫畫，則用鋅版。至於小鋅版，那是平日就鑄好了的現成貨，不過是爲了增加一點情趣而已，原無多大意義，我們可以略而不論。

三、線條分單線、雙線、花線（花樣很多）、文武線（一邊粗、一邊細構成的雙線），我們可以用來作框子，把題目圍起來，或者把題目和文字一起圍起，構成一個方形；或上下加線條，將題文夾起來。當採取這種手段時，不僅是求版面變化，而且是強調，要引起讀者特別注意。版面裡，不可不用線條，亦不可不用框子，但是，如用得太多，也非所宜，總求表現在版面上，落得「疎朗」二字爲原則。

使用版面，著手處在控制字數。多少字的作品宜於「鬪角」？「鬪」幾欄的

「角」？多少字的作品宜於加框？編者心中應有成算，才不致發生過度肥大或瘦削的形狀。鉛字是死物，排在版子上很少彈性，而且臨時改變，非常費事，所以，版面之美，不僅要靠設計，也要饒有經驗，才能應付裕如。同時，使用版面，在不傷美的原則下，要使用得經濟，因爲我們是在一個缺乏新聞紙的國家編副刊，能夠以最小的篇幅容納最多的字數，是應該全力以赴的。但在求紙頁的經濟使用時，對於詩詞和圖片（圖畫、照片），要配合篇幅，否則，圖片過小，印刷不明，詩句（尤其是新詩）分行不當，都會因小失大。此外，題目兩側，線條兩邊，也要稍留空白。

文字直排的版，最忌兩個題目聯成一氣，務須設法避免。避免之道，倘在欄數少而題目多的副刊，宜多用「心題」。所謂「心題」，便是題目放在當中，四圍全用文字把它包圍起來。這種「回」字形的處稿方式，可使題目和外界隔離，不致和其他的題目碰在一起，自然減少許多顧慮，而拼版亦多方便。

大致說來，題目的多少大半視欄數的多少而定，如果平均一欄一個題目，而題目都能安置在版面的對角線上，和與對角線平行的幾條線上，大概可以做到「疏密有致」了。我們努力向「疏密有致」追求吧，那是容易說而不容易做的。

第四講　論副刊編者

如果副刊是一隻船，編者就是舵手；如果副刊是一支軍隊，編者就是旗手。任何人都知道舵手和旗手的重要，副刊編者自可當仁不讓，而事實也說明他是站在一個重要的地位上，不容他妄自菲薄。

刊物——不僅副刊而已——爲思想的結晶，是文化的商品，職司其事的編者，自然非販賣腦力不可。思想重創造，文化重進步，編者首當其衝，如無創造力，不具進步性，則他主持的刊物，正如航手的領航，旗手的領隊一樣，必爲時代所遺棄，縱然能夠維持一個清平的局面，也將奄奄無生氣。我們都讀過不少刊物，不少副刊，試問那些停刊的，還有幾個能在我們記憶中復活，那些正在發行的，又有幾個眞正能滿足我們的心意，使我們從心底喝出采來？已停的刊物，十年八年後，我們還想得起它們的型式和內容；正在發行的刊物，每期出版的時候，我們若不去買一本，便覺忽忽若有所失，必有特別之處。這特別之處，似乎不在印刷之美，編排之精，取捨之嚴，而有更高的境界和精神，活躍在字裏行間，殊非肉眼所能窺見。那種境界便是進步的境界，那種精神便是創造的精神。進步的境界和創造的精神，乃推動時代的原動力，催促進步的發動機，而藉編者的智慧表現出來！

在我們擔任編者之前，倘僅憑一點常識，一些編輯經驗，而無一貫的方針，成套的計劃，我們趁早別幹這件工作。因爲沒有方針，沒有計劃，我們就不成其爲舵手和旗手，遇事只知作枝節的應付，不圖根本的解決，最後會使編輯工作，以「塡版子」爲能事，連自己也不起勁；或者中途發現自己的刊物有了致命的弱點，於是在不甘心就此罷手的窘境下，來一回「背水陣」，欲藉「革新號」來打起「中興」的旗幟，挽狂瀾於既倒。誰都知道，所謂「革新號」，無異告訴讀者：這是害了重病的刊物，現在在打強心針。那麼，這個刊物的前途，還堪聞問麼？

方針、計劃從甚麼地方來？我說來自理想，只是這理想必須依據現實，才不致流於幻想。方針是指向理想的目標，計劃要根據現實的環境，辦刊物才不致落空。做編者當然不是做宰相，正不必像諸葛亮那樣，在未出山之前，心中先有「鼎足三分」的藍圖，一見劉先主，便能從容不迫獻出他的「隆中對」。但是，你如果有的話，那於你總是非常有用的。理想不是憑空想出來的，它從現實出發，要在現實泥土中開出燦爛的花朵。眞正的理想，必具有現實性，它只是現實中今天還沒有達到，而明天可以達到的。

我們再問，理想來自何處？我說，理想出於思想。爲了這個緣故，有志做編者的朋友，從現在起，最重要的一件事，便是多多讀書，以期形成自己的思想，充實自己的常識，培養自己的欣賞能力，奠定自己的語文基礎。這幾點很關緊要，今分別加以說明：

第一、談副刊的人，莫不嚮往五四時代。的確，五四時代的副刊，在北平，如「晨報副刊」和「京報副刊」；在上海，如時事新報的「學燈」，國民日報的「覺悟」，當時都是極能抓住讀者的，而特別受青年的歡迎。它們響應白話運動，不算稀奇；難得的是它們突破種種障礙，首先採用白話作品，而且作種種的嘗試，所以在文學方面，有很大的貢獻。其實這才是它們貢獻的一端，因爲它們除文字之外，還熱烈地討論許多社會問題，思想問題。是的，一個副刊如不能與時代思潮相起伏，便如陸地行舟，杆格難行。我們看今天的副刊，是否仍同時代思潮相起伏？副刊還保存那股朝氣勃勃的生氣嗎？這是值得深思的！

第二、作爲一個副刊編者，學問儘可沒有，常識必須具備，試看副刊內容，相當複雜，差不多古的今的，中的外的，舊的新的，大的小的，都一起包括在內。做一個編者，不是醫生，卻要留心新藥，說不定來稿中就有專談醫藥的；做一個編者，不是科學家，卻要注意人造衛星的發射，把眼光看到天外，注意太空的發展。他如原子能，如鐵幕笑話，如白居易的詩，如岳飛的滿江紅，如中外著名詩人、小說家、劇作家的姓名，乃至於台灣作家的地址，最好都記得一些，發稿時可以得心應手。

第三、記住，做一個編者就是一個忠實的讀者，他要有很大的胃口，去讀那些「幼稚的」、「可笑的」、「粗製濫造的」作品，再從這些不忍卒讀的作品中，挑選一部分來刊載。因此，編者的欣賞能力萬不可少。編者的欣賞能力是心中一個尺度，全部來稿都要用它來衡量，稿件的採用與退還，全憑這個尺度定去取，所以欣賞能力乃編者主觀上的價值標準。但它雖是主觀的，卻不能只顧到個人的好惡，因爲凡是採用的文稿，最後要訴之於讀者，而讀者的好惡未必盡與編者相同：只有編者遷就讀者一點，以「讀者之所好，好之；讀者之所惡，惡之」爲前提，這個價值標準才有意義。但所謂遷就，並非阿其所好，利用讀者的弱點以開拓副刊的銷路，如黃色刊物之所爲者，則有乖正道，不可取也。

編者既是第一個讀者，他的欣賞能力要像廚師弄菜，先代嘗第一口一樣，他只是嘗嘗，而非食用——這是讀者的事。欣賞能力只適用於作品，這就是說，我們閱稿時，不能受作者之有名或無名的影響，不能因作者之有名，作品雖壞亦取；亦不能因作者之無名，作品雖好亦退。欣賞能力如果低落到這一步，則寧可沒有！

第四、編者不是國文教員，卻時時被迫要「改文章」，倘如他語文沒有根基，他讀都讀不懂，何敢言「改」？且投稿人中不乏高手，他們在語文方面曾下過大工夫，即令偶有不妥或筆誤，因名氣過大，總認爲他必有來歷，不敢輕易動他一字。試問你如果沒有十分把握，你怎敢在太歲頭上動土，自討沒趣？我們決不輕易言改，但倘有非改不可之處，經過手術後，要叫原作者口服心服，才算本領。一個編者，倘若他的語文有素養，版面上至少可以少見幾個錯字別字，於副刊內容的精粹，自然大有裨益。

做編者，在編輯檯上遇見的問題，多到不可勝數，不能列舉。但我相信你是一個聰明人，可以舉一反三。你先就這幾個要點做去，再加上你自己的體驗，將來擔任此角，必能勝任愉快。

副刊怎麼辦？

副刊無所不包，隨內容而變，放珍珠進去，則爲百寶袋；放破爛進去，則爲垃圾箱。爲貴爲賤，由人自擇，而成敗利鈍，亦胚胎於此。

副刊所資以存活的，非止一端，故其內容雜而且俗。要雜，才可望做到無所不包，而把副刊的領域，擴充至最大限度，所謂宇宙之大，蒼蠅之微，一概囊括無餘，即是雜的極致。要俗，才能通俗化、大衆化，也才能深入生活裏層，反映大衆的生活，氣味相投，而後副刊爲讀者所接受，進一步，水乳交融，化爲一體，社會大衆才談得上變化氣質。變化氣質是文藝的功能，即普通所謂的教化。教化，在我的了解，教是有形的化，化是無形的教。老實說：「行不言之教」，正是副刊份所當爲的。

光只講雜說俗，自然的趨勢，必然發展成雜亂無章，俗不可耐，試問將成什麼樣子？所以必須有以制衡之道。

無論怎樣雜，怎樣俗，如果有趣，即能化腐朽爲神奇，立刻著手成春，引人入勝。蘇東坡說：「反常合道曰趣」，趣爲生機所在，可使人解脫，可使人發笑，可使人興奮，可使人振作，可使人有一股衝勁，產生一種沛然莫之能禦的力量。其見於文辭者，則能動人心魂，感天地，泣鬼神。胡適說，陶潛杜甫有幽默感，雖處窮困，他們的詩文裏面，仍然有許多生趣。笑聲、趣味，在副刊裏也是萬不可少的。

制衡的第二件法寶，就是新。這個新，就是新聞的新，新時代的新，萬古常新的新。新和趣，一方面提煉雜和俗的素質，一方面提高雜和俗的意境，因爲副刊的編輯過程，便是選擇過程，淨化過程。所以，趣和新是副刊編輯室的門神，雜和俗要具備某些基本條件才能通過。倘漫無準繩，編者憑什麼選稿，又憑什麼編副刊呢？

趣不能爲低級趣味，尤忌下流；新可向新奇發展，但不可標新立異，驚世駭俗，走上怪的末路。副刊反映現實生活，譬如吃飯，上館子、打牙祭固然可以，但天天上館子，打牙祭，肥魚大肉，會倒盡味口。一個賢能的主婦，做得出一桌席，固然了不起；爲了過天長地久的生活，若能把青菜蘿蔔做出滋味來，卻是一等功夫。主婦之可貴，貴在能當家；當家之不易，在舉措得體，而應對進退不失其宜，做得內外上下一團和氣。

副刊的體爲文化，得文化之體，而後有文藝之用，否則，談文藝，只是一篇一篇散漫的作品，如果說是「好」的，那是說，作者寫得好，編者選得好，讀者大衆才愛讀。所以發稿，要眼明手快——眼明，是說編者有眼光，看得出作品的時代意義與藝術價值；假如更深一層，編者能從這篇作品，看出這位作者的潛力，估計他未來的成就，識英雄於草莽，那眼光就更遠大；至於手快，表示編者拿得住火候，了解讀者興趣之所在，投其所好，引起共鳴。這樣一來，讀者、作者、編者好像組織健全、訓練有素的球隊，傳球投球，都發揮通力合作的團隊精神。這就是體，這就是副刊追求的境界！

副刊爲中國報紙的特色，其憑藉便是五千年的歷史文化。沒有文化作背境的副刊，有如插花，頂多只能像盆景。插花未嘗不美，然人工多於天工，再美也維持不久。副刊，至少要像花園，不僅陽春三月，桃紅柳綠，秀色宜人，即在嚴冬，滿園蕭瑟，而老梅椿上，寒梅猶自作花，透出一股生氣，破除滿園冷寂，春的訊息就在冷寂中無聲無臭地到來！

七十年九月五日

副刊論²

副刊及其讀者作者與編者

一、副刊的編者

一、我要說的第一句話，便是：「武裝你的思想，磨銳你的筆鋒！」因爲筆是記者的武器，凡是記者都應該把他的武器磨得犀利，而且武藝要高強。

二、每個記者，不一定都會作副刊編者，事實上也沒有這個必要，但爲了把筆鋒磨得銳利，捨文藝的素養而外，似乎沒有更好的途徑。所以，我們可以不編副刊，但不能沒有文藝修養。

三、新聞事業的每一個部門，都具有實踐性，編副刊亦然，因此，我們今天談副刊，所談到的一切，都是歸著到一個「做」字，否則，我說的全是廢話，讓大家白白犧牲了兩個鐘點。

四、我們要建立一個信仰，就是只要我們肯努力，文學之路，無論如何是走得通的。

五、副刊在報紙上，有特殊的性質，負特殊的使命，我們應該有特殊的方法來處理它。

六、副刊為報紙的一個部門，我們不能離開報紙而單談副刊。

我們知道，報紙的機能，一是報導新聞，二是發表言論，三是刊載廣告，四是提供智識與消遣。就副刊來說，這些機能，樣樣齊備，不過有輕重、有明暗而已。而其他幾樣，卻沒有副刊這樣的性質。再往深處分析，新聞、言論、廣告，都是理智的或偏重理智的，而副刊卻於理智之外，還注重感情。人是感情動物，大多數的人都是要過感情生活。宣傳之特別注重感情的訴求，實在有心理的基礎。副刊在人群的感情上找得了立足點，這是它受人歡迎的原因之一。情書為什麼動人？只因熱情洋溢之故，其實嚴格說來，有許多情書未必眞寫得好，但因那裏面有熱情，就是有錯字，有不通的句子，有不完全的意思，仍然可以打動人的心坎，可以想見感情的重要。

其次，副刊以文學為本質，而文學的範圍甚廣，可以包括整個人生；而文學的型式又多，能夠應付讀者多方面的需要。反觀新聞、言論、廣告，都沒有這種便利；即其他專刊，也不能與副刊比，因為專刊是專為某一群固定的讀者辦的，如兒童周，純全以兒童爲對象，便是例子；或者因爲性質專門，那就非有某種特殊的修養或特殊的興趣或需要，便不會過門，例如農業、商業、衛生等專門的專刊，便是例子。文學是差不多的人都喜歡的，也是差不多的人都看得懂，而且嘗得到其中滋味的，所以它具有大家都高興一談的條件。男女、老幼、智愚賢不肖，莫不如此。

再其次，有一點是人家不願意，也不屑於提起的，便是副刊可以使人成名，可以獲利。我們知道，世人如果還沒有看破紅塵，想羽化登仙的話，都不免要在名利兩字裏面團團轉。已經成名的人，希望他的名字紅，而且紅得發紫；未成名的人想成名，便拚命寫作，向副刊投稿。至於利，稿費收入雖有限，而且非常沒有把握，但如果一個月中，能夠投上幾篇，用稿費來貼補家用，或者用來解決一些生活上的問題，總是好的。且投稿不要什麼本錢，是一本萬利的生意，又不要投稿人去上班，他大可以寓消遣於創作。這的確不失爲有意義的生活的一面。

反過來再看報紙上的其他部門，新聞可以投稿嗎？美國有人吃這碗飯，但我國還少見；評論方面，社論地位，除了星期日有星期專論，或者新聞版上偶有論文而外，社論卻被主筆先生們一手包辦了。至於廣告，你當然可以登，而且要多大有多大，但是你得掏腰包，才能在那上面露一次臉，不像副刊這樣，大門時常洞開，歡迎你進來。

到這裏爲止，我們大致把副刊在報紙上所佔的特殊地位交代清楚了，下面我想分三個方面來講一講：副刊與讀者、副刊與作者，以及副刊與編者。

二、副刊與讀者

各位都知道，報紙是一種文化商品，是用來賣錢的。賣錢的方式有二，一爲出售廣告地位，二爲出售報紙成品，而讀者就是這種文化商品的消費者，也就是報紙的主顧。商業上有句行話：「天下無不是的主顧」，我們也可以仿造一句：「天下無不是的讀者。」任何報紙都怕得罪讀者，叫出「讀者第一，讀者至上」的口號。原因是，得罪了讀者事小，得罪了錢袋事大，不得不愼重將事。

其次，如果報紙是一個舞台，裏面每天都要搬演各式各樣的戲，讀者就是觀衆。如果報紙上演的戲，觀衆不歡迎，不肯喝彩——報紙印出來，賣不出去，賣出去了，沒有人閱讀，我想，你們各位都知道這件事情的嚴重性，用不著我多說。讀者不僅是報紙的消費人，又是報紙的監護人。他們「人上一百，武藝俱全」，有學問的人有，好管閒事的人也有，專門挑錯的人也有，你就不能不處處謹愼。

我們知道，一九三六年，美國的「文摘」（Literature Digest），測驗民意的結果，預吾藍敦（Lan don）當選，結果是羅斯福獲勝，失了讀者的信仰，便不得不宣告關門。可以想見讀者的力量。

專就副刊而言，上述的情形也存在。不過，爲明瞭副刊讀者的閱讀心理，我們還須作深一層的分析。我們知道，閱讀新聞必須具備若干背景智識，而閱讀副刊卻只要有興趣就行。文學的素養，固然未必每個讀者都有，但文學的興趣，則差不多每個人都有，而且聽故事是男女老幼都歡喜的，所以副刊會受歡迎，只要你的副刊有內容就行。今天，來到自由中國的人，心裏都懷著悲痛，他們失了家庭的溫暖，他們失了許多關懷他們的人，也就是失掉了愛，他們的內心是寂寞的，他們想念他們的家鄉，他們的親人，而在現實界很難找到足以安慰他們的東西，要想把他們的懷鄉病醫治好，除了反攻大陸，勝利還鄉而外，是沒有靈藥的，誰都知道，文學有求樂避苦之功，他們既然在現實界得不到安慰，可以在文字裏得到一點安慰，即令不然，文字裏有訴苦叫冤的事情，他們也會得到一點滿足，因爲他們會想到：「像我這樣孤苦伶仃的人，自由中國有的是。」各位知道：一個痛苦的人，如果有機會發洩，哪怕傷心一場，大哭大叫一場，結果總是輕快的。我們都喜歡看悲劇，因爲悲劇的情節可以使我們鬱結著的痛苦，得到一個愉快的發洩的機會；不幸我們今天是處在一個悲劇的時代，我們都是悲劇的主角，大家追求文學中的興趣，實在是有理由的，何況在文學的領域中追求快樂，避免苦痛，在讀者本人看來，和其他的娛樂不同，心裏有一種「寓上進於消遣」的意味，自覺有一種高尙的情操，覺得經此一讀，這一天的生活便顯得充實。不像某些娛樂，在劇終人散之後，便會遭受空虛寂寞的襲擊。

巴休威茲說：「報紙之力是迷信」，並證明「報紙所登載的事情，都是與其讀者的精神要求相密切結合的。」羅素說：「俗人是慣於在報紙上造出自己的意見的，晚上飲著酒，早上喝著咖啡去談論在報紙上看過的事情。」又說，「報紙對於一般人是活動的頭腦」。威爾納說：「報紙不僅是自己由思考去解放他人的，並且是自己去侵佔思考者的頭腦的，因爲它像滴水穿岩一般，每天在同一方面活動。」歇弗萊說：「至少人們是可由報紙製造當天的輿論的，做輿論的製造者，或是做製造輿論的手段。報紙不是第六之力，而是第一的大力。」由此可見，報紙的力量如何；而副刊爲報紙的一個部門，負有特殊使命，它在文學方面，情形也一樣。

就經濟的負擔能力來說，讀者不僅買得起報，而且買報也最合算。在出版物中，雜誌和書籍，都比報紙貴得多，這是大家都知道的，雖然我們報紙的訂價也不便宜。我們的報紙，現在都是出兩張半，如果摺合成三十二開的書本，則一個月共出一、四四〇頁的巨著，裝訂成二百頁一本的書，可裝訂七本，只合三塊錢一本。試問在市面上你用三塊錢的代價，買得著最新出版的二百頁一本的書嗎？即以中央副刊而論，雖然它的容納量是每次只有八千五百字，但一個月也有一二四、五〇〇字，也可算得一本巨著。這是單從它的字數來說，至於閱讀的方便——就是說，閱讀時不受時間空間的限制，那是誰也知道的，可以不細談了。

總而言之，讀者是報紙的消費者，是監督者，報紙如果不能打動他們的心坎，副刊不能在他們心靈深處立住腳跟，則一切的努力都要落在濫泥坑裏。

前面我們說過，報紙除報導新聞、發表言論、刊登廣告而外，還提供智識和消遣。這些，在讀者群中某些人看來，不僅是智識的累積、消遣的獲得而已。他們還把這些當做一種寫作的資料，一種激發靈感的刺激。這樣的讀者，才不致遭受「以報爲頭」的譏諷，而以報爲寫作的資本，同時把自己的生活和報紙聯繫起來。如果他們的寫作能力夠水準，他們的作品在副刊上一度或連續出現，他就是一個作者了。（在這裏，我願意用「作者」，而不用「作家」，想來大家都知道它們之間的分別，不必多解釋。）這自然是初出茅廬的作者，他們的寫作能力還不夠熟練，所以作品的偶然性大於必然性。換言之，他們對於投稿這種行業，還沒有把握，心靈是隨著稿子的發表而上升，稿子的退回而下降的。

副刊的投稿人，永遠有「老槍」和「生手」的分別，因此，副刊編者對於這兩種人便生出兩種態度：

一、對於有成就的人，應當以「師禮」待之；

二、對於努力上進的人，乃至只要有稿投來的人，無論他是什麼人，不管他的學識能力如何，一律以「友道」待之，給予每個人以應得的禮貌，才可望使他們所編的副刊，不致因禮貌欠周而影響信譽。我們之所以抱這種態度，不僅認為做人應該如此，即單就投稿人的用心來說，我們亦應如此。原因是，他們可以投稿的地方，多的是，他們不投到甲報，不投到乙報，不投到丙報，單單投到「貴報」來，就表示他們看得起「貴報」，尤其是心目中有「貴報」的「貴刊」。他至少是「貴報」的讀者，你就看在他是「貴報」的文化商品的消費者這點情份上，你也沒有理由開罪於他。

這裏連帶生出一個問題：編者對於初學寫作者的態度爲何？初學寫作的人，往往熱心有餘，能力不足；衝勁有餘，後勁不繼，處理上很困難。你如果有善心，鼓勵他寫吧，他的社會經驗不夠，他明知你忙得要命，卻要麻煩你替他改稿子，或者至少要給他一些批評，你不依他的話做，他就說你拉架子，看不起他。他把編者當做他的國文老師，出發點就錯了，但是他不知道，你解釋給他聽，他也不原諒你。對於這些小弟弟小妹妹，稿既不能用，同時又經不起退稿的打擊，補救之道，便是寫一封慰勞信夾在退稿裏面，讓他稍微想得開一點，不致鬧出人命案來。

像這樣的「生手」是永遠存在的，原因是時間不容情，人總是要長大的。若到這些「生手」逐漸成了名，被人家拉稿，弄得一身文債，他自然不能兼顧了；而且，他的名氣大了，他的能力高了，他的學殖深了，他的經驗豐富了，他的天地廣闊了，他要致力於洋洋數十萬言的巨著了，你的副刊，自然會因爲「池小魚大」，有容納不下之苦。我說這話，不是開任何人的玩笑，而是敘述一件事實。老實說，作者之變成作家，實在是千該萬該的，我們惟恐這樣的人不多，使我們的文藝陣營堅強不起來！一個副刊，倘如不能「培植」或者「提拔」出一些新人物出來，我想，做編者的人，至少是會臉紅的，縱然並不是什麼了不起的遺憾。

不過，獎勵「後進」，選拔新人，不是編者的責任，他之如此做，完全出於一種「爲國儲材」的道義感，一種義務心。你如果要交幾個知心朋友，只有在他沒有得意時結識他，若到他已經飛黃騰達時你才去巴結他，那就嫌遲了。你當編者，對於那些肯上進，肯學習，而文字技巧有七、八分可取的人物，無妨加以「青睞」，因勢利導，使他接近成熟。他的處女作如果是在你手裏發表的，他將佩服你的「偉大」，他會說你有眼光，他對你會「沒齒不忘」。

我前面說過，副刊是個名利場，我們知道，名利所在，亦即是非所在。編者置身其間，一定要小心謹愼，而且正直不阿，才能進退自如，你如果作左右袒，對於作者，必得了一人，失了一群，而結果是得不償失。

四、副刊與編者

在講這個問題之前，我有一個聲明，就是我現在所說的編者，並不是說我孫某人，而是指一般的副刊編者，所以這裏所說的編者，不是具體的個人，而只是人格的存在，或者說編者只是編輯副刊的那個負責人。他是抽象的存在，具體一點說，我們現在所說的編者，只說的是理想的編者，說其當然，而不說其所以然，雖然我們不免涉及當然的事實。總而言之，我希望各位忘記我是一個副刊編者，我們的討論，才可以客觀一點。

誰也不能否認，副刊的編者，在副刊製作上，都是佔著重要地位的，他雖然受到報紙政策的拘束，他的個性和作風，對於副刊而言，仍然有舉足輕重之勢。我們用軍隊來打比方，編者是掌帥印的，他不只是一個將官而已。這話，也許有人覺得太誇大，其實是一句根據事實說的老實話。各位知道，智識程度愈高的人，他的個性愈明顯，而其自尊心也愈高。這在文人方面，特別顯著。編者日夜都要和一群文人，也即作者和作家打交道，如果他沒有帥才，不能將將，該不免窮於應付吧？文人是有個性的，他們的問題，只有個別處理，才有得到比較圓滿的結果的希望；如果你對待文人，像對待士兵一樣，準會碰釘子。再者，副刊雖爲報紙的一個部分，但由於它的性質特殊，在精神方面，無論如何要爭取獨立自主。副刊編者，在這個前提下，所負的責任，也就是「方面之寄」。各位知道，在君權時代，負方面之任的將領，還有所謂「將在外，君命有所不受」的說法，於副刊亦然。倘若你的上司，因不太明瞭副刊的實情，你身爲副刊編者，必須據理說明，乃至據理力爭。以捍衛副刊獨立自主的精神。如果他有稿子交來，經你冷靜考慮之後，實在不可用，你更要有勇氣代你的上司負責，乃至於分謗才行。你別以爲你的態度太強硬會出事，你知道你的態度軟弱，出的事更多。人多少有點欺軟怕惡的毛病，只有在第一次就給他「顏色」看，他才會知難而退，以阻止那種不良的趨勢。但你態度硬也好，軟也好，你必須有充分的理由來支持你的立場。例如，人情稿本不該用，但是，假如那篇稿子寫得眞夠水準，你又何必不用呢？

前面說，做編者是掛帥的人物，但各位要知道，掛帥印的人是沒有本領的。你們看，萬神之神的玉皇大帝，很少出面，究有多大能耐，我們至今還不明白；在孫悟空大鬧天宮，直打到靈霄寶殿的時候，玉皇大帝也不動聲色，他的修養眞是到家了。再看，象棋裏面的「將軍」，對方一個卒子也會逼得他東走西避，一點抵抗力也沒有；但是，如果「將軍」被「將」死了，就是車馬炮齊全，也只有「百萬將士齊解甲，更無一個是男兒」。由這點看來，象棋裏的「將軍」，實爲靈魂所寄托的一顆子，有之則生，無之則死。編者縱然不是副刊的靈魂，卻是副刊靈魂的守護人，他必須知道副刊脈搏的跳動，隨時隨地注意到副刊的健康狀態。這是無形的，編者必須細心體會，一滴一點把它考察出來。

編者既是掛帥的人物，他應該具有勇氣。這種論調，各位也許以爲用不著。記得去年文協開會，招待國民大會代表，我也敬陪末座，最後定要我講話，我便提出「編者必須有勇」的口號，而且說，每當我抵抗復抵抗，漸覺支持不下去的時候，便向上帝祈禱。我的禱告詞是：「上帝呀，倘如你吝惜把智慧給我，請你改給我一點勇氣吧！我要有足夠的勇氣，使我敢於退回我愛人投來的稿子！」我的禱告甫畢，勇氣就來了，眞是神力無邊。其實，各位，不僅你退稿要勇，抵抗人情，面對錯誤，維持水準，閱讀許多水準較差，字跡又壞的稿子，都是需要極多的勇氣的。你只有勇冠三軍，你才配當元帥！

元帥雖是帶兵官，卻不一定武藝高強。以副刊來說，就是做編者的人，不一定寫得一手好文章，但你是統籌全局的人，你不可不多具備一些常識，以備不時之需，至少常識豐富可以使你少丟幾回臉，因爲你有足夠（事實上永遠不會足夠）的資本，訂正文中的錯誤，改寫正確的字，適當的詞。因此，你最好做一員「儒將」。當然，你如果身懷絕技，施展出來能夠叫人稱絕，那當然求之不得。

編者除了有勇有智而外，還須氣度恢宏，因爲副刊接觸的方面多，作者讀者的人數多，意見不一致，說不定其中有人會來信莫名其妙罵你一頓；有的作者性子太急，時常在你忙得上氣不接下氣時，前來拜訪你，問他那篇稿子用不用？什麼時候用？你如果不從寬處想，天天如此，實在有活不下去之感。

五、副刊的編輯

迄現在爲止，我們上面所說的一切，假如我們在觸及副刊編輯時不能實踐，都可以說是空話。但我們其所以不能不說那許多空話，則不僅對於副刊背面的許多事情無法了解，許多問題也無法考究。因爲副刊的問題，出在版面上的少，而出在版面外的多。

現在，我們假定兩種情形來說，一爲新創的報紙，你負責爲它設計一個副刊；一爲你走馬上任去接辦一個副刊。

設計一個副刊，談何容易！但是，請你先不要著急，且靜下心來想一想。如果你早已成爲各報副刊，或某報副刊的忠實讀者，心裏對各家副刊有過長期的比較，知道什麼樣，或者那一類的作品，曾經使你喜歡，同時，你的同學、朋友、親戚也喜歡，那麼這一類作品，在你設計的副刊中是可以列入的。你如果對於當前的文藝潮流，有一些了解，你因長期閱讀副刊，經驗的累積，以及觀察的深入，已足以使你看出今天各報副刊的破綻，你更可增添一個新花樣，以備將來構成你的新副刊的一個特色。如果你有文藝界或報界的朋友，你無妨去訪問他們，聽聽他們的高見，以補救你所未曾考慮到的，或者雖已考慮到而不夠周密的。

創辦一個副刊，在諸位同學看來，或者是一個荒唐的夢，因爲你們自覺太年輕，太不夠，我卻持相反的看法。比如打仗，有了作戰計劃再打，那當然不錯，但如果情勢不容許你擬訂作戰計劃，難道你不打嗎？與其後退，不如「讓仗打起來了再說！」我在開頭就說過，「新聞的每一個部門都有實踐性」，你要學副刊編輯，只有實際當副刊編者！也許在開始時，事事不如意，但你可以改進呀；而且，事事不如意中你有一種非常滿意的事情，就是經由你的手，一個全新的副刊誕生了，那不夠使你高興嗎？

你如果敢於創辦一個副刊，自然敢於接辦一個副刊。接辦一個副刊，有好處也有壞處。它有成規可循，有固定的形式讓你塡進去，有現成的路子讓你走，有一批作者，稿子不必要你發愁，這是它的好處；壞處是你雖有大才，一時施展不出來；而且你像大家庭裏的小媳婦，有「不知聽誰的話是好」之嘆。但是，現在且不管它，我們還是準備去榮任某大報的副刊編者吧。

在未走馬上任之前，你對於行將接收過來的副刊，先找幾期（最好是連續一個星期的）來看看。第一先數數它有多少批？每批高幾個字？總容納量是多少？作品最長是多少字？作品的分類如何？（如小說、詩歌、散文、筆記、漫畫、譯文、影評、書評之類）有專欄（即固定的作品）沒有，它們各佔多少字？這些問題，經你研究之後，都會立刻得到答案；如果認爲不夠，你也可以大膽向前任編者提出來，請他告訴你。照通常的情形，前任總希望「繼任有人」，他會很高興告訴你的。

現在我們假定你已經坐在編輯檯上，你的工作便是閱讀前任交下來的稿子和當天到的新稿。前任交下來的稿子，如果經他過目，大致是可以用的，你無妨先看，你也認爲可用的，便放在一邊。你掌握了一部分「可用稿」之後，你的心就會安定下來，而專心去審閱新的稿子——把可用的放在一邊，把該退的放在一邊。如果你有助手，便把退稿交給他寫信封寄出。

現在，你可以在可用稿中再選一次，大致依照你分析的類別，每一類選出一兩篇，以夠發一次稿子的字數爲度（無妨稍多一點），然後拿出國文教員的看家本領來，該刪的刪，該改的改，儘量把你的本領用紅筆做出來。閱稿時，如果有看不清楚的字，沒有打清楚的標點，你都得一筆一劃弄清楚，否則那上面的錯誤，因爲「原稿不清」，出了毛病，要由你負責。稿子刪改竣事，你無妨再瀏覽一下，尤其是經過刪節的地方，要留神看看是否接得上氣。最後，還得費點時間，看題目精彩不精彩，題目和內容相稱不相稱？字數是否太多？（題目最忌冗長）；然後再計算字數（連標點、空白一併算）是多少？然後在一張紙上把作者姓名、篇名、字數、地址寫上。如果題目上有小刊頭，文裏面還有揷圖的話，你還得畫出草圖，好叫排字房依樣畫葫蘆，一篇稿子才算看完了。

全部稿子都經過上述過程，經審閱、修改完成之後，你可以把報紙上的副刊取一張來，用紅筆畫一張「版樣」，使各篇作品各就各位，以便拚版子的工人，照著拼成整塊的版子。如果拼版的結果，還多出多少行，你就得費心刪去多少行，或是把相當數量的短稿取下來；如果不夠，你當然還得補發一點稿子下去，把空白塡滿。

各位，修改稿子並不像我們剛才說的這樣容易，比如，有人引「桃花源記」的語句，說「不知有秦，遑論魏晉？」請你們看看，這句話該改嗎？什麼地方該改？如果有人說，「不見廬山眞面目，只緣身在此山中。」這兩句詩，是白居易寫的，你能指出他張冠李戴嗎？有人說，「孔曰成仁，孟曰取義」是史閣部說的，請教史閣部是誰？這兩句不是「正氣歌」裏的嗎？正氣歌不是文天祥作的嗎？至於別字錯字，幾於十篇稿子九篇有，你稍不小心，就犯大意的過失。閱稿改稿，實在寸步難行，你如果不能改正那些錯誤，至少也要會懷疑，去參考圖書，去向人請教。在原稿上的錯誤，是作者的錯，印成鉛字之後，他的一切錯處都會改換戶頭，記在編者名下。試問代人受過，是何等冤枉！但你自不小心，也罪有應得。當心，讀者平日把你視若神明，你錯了，而且錯得不可原諒，他們是不肯饒恕你的！

你改稿子，如果改得比原文還差勁，自然以不動爲宜；如果經你改後，有脫胎換骨之妙，就連作者本人也高呼萬歲，那自然是最理想的了。

此外，編者必須長於做題目。各位知道，題目是非常難做的，要求題目和內容表裏如一，實在不容易。前幾天中副用了一篇稿子，題爲「老邱的尊容」，是挖苦邱吉爾的，原題爲「邱翁的畫像」，雖是不錯，卻和文內的諷刺性質不相吻合，題目不足以表達其內容，更和那張插圖不調和，所以我替他改爲「老邱的尊容」。有許多作者，忽視了題目的重要性，以爲隨便用幾個字寫在前面就行，比如，一位作者寫了一本新書的書評，題爲「一本新書」試問這個題目有個性嗎？依我看來，連個性的影子都沒有！作題目之道，靠靈機一動，亦靠平日讀書，最重要的是你要把這件事情當做正事幹，隨時留心，隨時思考，能從文字的心臟裏挖出最精彩的幾個字來做題目，那就夠了。再者，題目固然要求新穎動人，但千萬不能流於怪誕、庸俗，這是應該記住的！

六十一年三月十五日中央日報社刊

方塊篇

一、布帛之言

方塊是一翻議論，這些年一直在走鴻運，大家讀得太多，自然養成了欣賞能力，偶有所見，頗欲一試以見志。因此，自本刊專欄開放之後，此一方小天地，有如圍城，裏面的知其難，想衝出來，外面的見其易，想衝進去，而形格勢禁，未必皆能如意。

劉彥和說：「論也者，彌綸群言，而精研一理者也」，他的目的在「述經敘理」，陳義過高，不是方塊所能承擔的。方塊雖是發表意見，到底與閒言語、空議論相距不遠，過分莊重與過分輕薄，同樣不能把握要領：一個方塊，如果有人閱讀，讀後有三分滿足，覺得沒有白讀，明天還願意再來探險，則目的已達。這是起碼的願望，但要如願以償，卻也有些考究。

寫方塊縱不「述經」，也要「敘理」，理是少不得的。俗語說，公有公的理，婆有婆的理，只要開口，必須以理爲先才立得住腳，言論也才動聽。不過，此亦一是非，彼亦一是非，公的理和婆的理，各執一詞，未必皆是，那就要著眼於道，以求其當。天下的理充滿天下，但就某事而言，合乎某地某時的情景的，只有一個最合要求，故曰「當於理」。

一翻議論，如果是好的，不僅表面上叫人首肯，而且骨子裏令人心折。方塊的議論，既騰播於社會，就要訴之公衆，使人讀來悅目，思之洽心。覺得這種言論，雖出「方家」之口，實無異從讀者心坎上掏出，有「實獲我心」的契合，故曰「洽於心」。

偏激的言論，而欲當於理、洽於心，倘技術高明，仍然可以做到。我們讀許多人的言論，無論古今中外，這種例子不少，但他們的言論，聳動一時之後，終不能成爲眞理的一部分，或許立論的動機，不完全與人們的共同願望相合吧？所以一種言論，必須「美於意」——把心掏出來讓大家看，到底有幾分眞誠？到底有幾分願心？

朱子伊川像贊曰：「布帛之言，菽粟之味；知德者希，孰知其貴？」體會得此中義蘊，方塊怎麼寫都可以。

六十年五月十二日

二、方塊甘苦談

本刊右上角的專欄，總是排成一個方形，相沿下來，大家就叫它做「方塊文章」。它其所以受人歡迎，和它的親切動人，大有關係。方塊所談的，通常以身邊瑣事爲多，卻有一個特色，就是所談的事雖小，而小中可以見大。這就是說，讀者願看，它有可供人看的，如果更進一層，讀者願想，它也有可供人想的。它供人娛樂而無人逕以小丑視之，便是它趁人家在打哈哈的時候，已經把人家帶到思考的領域裏去了的緣故。

它也談時事和大局，但從來沒有以專家自居，強欲人家相信他所作的預言；而其談法又純全是本著「大事化小事」——小到可以擺在讀者面前——的原則去做，自然容易討好。

寫方塊最難的是題目難找。現在寫方塊文章的人，實際比寫社論的主筆多得多，大家搶題目寫方塊文章，幾乎把心思都挖空了，不一定找得著一個合式的題目。還有，方塊執筆人，寫的時間稍久，有許多題目，自己早已發表過意見，除非自甘墮落，願意炒現飯，把說過的話再說一遍，否則，路子愈走愈窄，會逼到牛角尖上去。爲防患於未然，惟有不斷讀書，遇事思考，在支付的同時，也蓄積一些，才可望不虞匱乏。

在沒有寫方塊以前，我曾有一種想法：心裏有許多話，都可以寫成方塊；而且，每天見報的許多新聞，儘可視爲資料，是取之不盡的，其實不然。我們在落墨之前，東想西想，覺得可說的話，俯拾皆是，而在落墨之後，必須把東想西想的東西，歸結在一個固定的題目下，而表達出來時，一要有條理，二要有情味，讓人家讀了點頭稱是，實不簡單。

任何內容的方塊文章，都有讀者，其間的幅度，可拉長到十萬八千里。此中的原由，不難索解。讀者的人數衆多，任何問題，皆有行家，如果選題不當，措辭不妥，極可能招來一頓臭罵。所以寫方塊文章，並非前程似錦，亦有出師不利的時候。明乎此，寫方塊的人，就不會得意忘形，而知所以自警了。

五十三年七月五日

三、方塊內外

五月八日，方社諸友集會時，發言都是針對著「找題目的甘苦以及怎樣寫法才能使讀者更感覺興趣」說的。一時各抒己見，美不勝收，構成一次內容充實的座談。

找題目，說難也難，說易也易，全憑各人本領。大約從三方面同時入手，題目即不難找到：一在新聞裏找，二在書本裏找，三在生活裏找，只消隨時留意，當不致茫無頭緒。新聞是跟著時代走的，書本是跟著思想走的，生活是跟著自己走的，最好把這三樣聯繫在一起，同時並進，則思想不會陳腐，生活不會空虛，置身時代潮流裏，舉步而非冒進，駐足而非停滯，站在適當的地位，寫出來的作品，總立得住腳。

時代、思想、生活，爲人人所同具，而有的人找著適當的題目，可以寫得出來，有的人寫不出來，關鍵在存心寫與不寫。存心寫，凡事不肯放過，既看見了，還要想想，把相關的種種，匯合起來，再加思索；如果根本不打算寫，天天唱「華容道」，到手的曹操都給放走了，到那裏再找一個曹操呢？

吃新聞飯，時常要準備應付「突發新聞」，同理，寫方塊也須準備「遇缺即補」，被迫執起筆來。此時不能緊張，惟有沉住氣，隨便抓住一個題目，自問有三點可資發揮，一兩個鐘頭，必可完卷。因爲這時的急務，在填滿版子，無須計較文字的工拙，且編者佔「近水樓台先得月」之利，可以看「校樣」，有修正的機會，雖在急難之中，仍有從容應付的餘裕。

至於「怎樣寫法才能使讀者更感覺興趣」，第一在態度，最好用和朋友談天的方式，不作玄談，叫人莫測高深；不作教訓，叫人芒刺在背。倘能在融洽的雰圍中，心與心靠近的時候，該作玄談的，改用比方；該作教訓的，改說故事，或舉實例，則平易近人，親切有味，誰能拒絕眼前的享受呢？所以我們寫方塊——其實任何作品都一樣，要追求一種永久性的興趣，先求有一顧的價值，做起來才有意思。

最後我提出個人一點心得，那就是多讀自己的作品。我有剪貼自己作品的習慣，閒時翻來一讀再讀，發現有錯，立刻改正，尤其文勢語氣，只有淺吟深味，才體會得出。我已到了無人當面直指吾文之短的年齡，倘不自知，十分不妙！

五十五年五月二十日

附言　方社集會，這是惟一的一次，是邱楠（言曦）發啓的，主題「找題目的甘苦以及怎樣寫法才能使讀者更感覺興趣」，也是他提出的。那天發言熱烈，內容非常充實，我曾有一篇特寫，以紀其事。那天的出席者，邱楠、李荊蓀現在都缺席了，假如方社再開會的話！

四、方塊的試金石

現在讀方塊的人很多，想寫方塊的人也很多，青年朋友時常以如何寫方塊爲問，講的次數多了，每回都講得雜碎而零亂，如今綜合起來談談，或許較有意義。

方塊文章，毫無特殊之處，只要有普通的表達基礎，即可放膽嘗試。假如具備下面這些條件，當然更好，否則從現在起，開始磨鍊，成功的公算是很大的。

首先，對世間的種種，縱然不能每樣都有話說，對於某些事物，總該有些話說。當你有話說的時候，無妨寫出來，和「方家」們比較一下，看看到底是人家說得有理，還是我自己說的有理。假如不及人家，那就再學習，再探討，步步前進，終必有成。更重要的一點，就是對於一個問題，已經有兩三個人發言了，輪到我們發言，我們還是有話說，而且所說的話有後來居上之勢。寫方塊不一定要爭先，但必須求精求卓，而後基礎始固。

其次，你是否喜歡聊天？寫方塊最當以平等的立場和讀者談些親切的話，不存心說教，不求人強同，聽也由他，不聽也由他，才算得自由。以說話而論，演講得其嚴肅，教書得其莊重，聊天得其輕鬆，談愛得其微妙，只有輕鬆可以暢通天下，我們如果藉方塊來和天下人談天，得其輕鬆愉快，再好也沒有了。

再其次，你是否抓得住要領？遇著一個頭緒紛繁的話題，是否能長話短說，方塊的特色之一在其精簡，下筆最忌忸怩作態。在任何作品裏，一言中肯，即可使讀者精神爲之一振；倘意見並不高明，而表現的方式凸出，令人感到新奇，也會收到同等的功效。

照目前的「行情」，方塊對外開放的很少見，因爲這也是言論之一，可視爲社論、短評的延長，也可視爲言論機能的擴大，所以在物色方塊作者的時候，態度非常審愼，因此之故，年輕的朋友而欲打進方塊的園地，縱然這裏不是禁地，既然不收外稿，只有退而思其次，作充分的練習，以待其確實有成，一旦機會到來，及鋒而試，自然會春風得意。

五十九年三月十七日

五、忽忽二十年

自元月二十七寫了「養貓」之後，因忙著籌備中副作者聯歡茶會，方塊一直未能執筆，到如今有一個多月了。愈不能寫，愈不想寫，人的惰性實在可怕。

方塊這樣的散文，說是好寫，又不易下筆，說是不好寫，大家都在嘗試，也都各有各的風格與成就，照我自己的體驗，寫一個方塊，塡滿版面上的空白容易，塡滿心靈上的空虛不容易。其中有一些道理，要一點一點去體會，殊非三言兩語所能概括，這完全靠力行，說都是白說，所以停頓不得。

不錯，方塊是一種發言的方式，但它第一不是演講，不能作長篇大論；第二不是上講堂，不能掉書袋，誤把讀者當學生；比較合理的想法，是把讀者視爲親密的朋友，隨便抓住什麼，就和他們閒聊起來，只要他們聽得入耳，聽得動心，聊什麼都是好的。聊天最怕重複，最怕說了上文，遇著嘴快的人，馬上把下文代爲點出，不免難以爲情。

說話不難，張口鼓舌即可，若想話說得莫逆於心，在陌生人聽來，也像聽老朋友談天一樣親切有味，卻不簡單。此在生手，全心全意，惟塡滿空白是務，無暇計及讀者的閱讀心理，自然要難一點。大約要摸清這些，而筆墨能夠想到做到，非經過一段時間的磨鍊不可。既經磨鍊，倘無故中斷，又得從頭做起。世間的一切事功，沒有一樣是可以投機取巧的！

爲「中副的成長」展覽，翻閱資料，發現在三十八年中副復刊之初，我已在本刊客串寫方塊，今已二十年。倒過去看，二十年之後，比二十年之前，未必強到那裏。二十年前，我寫方塊，缺乏自信，寫起來有些礙手礙腳的，不能充分享言論自由之樂，態度頗爲矜持。偶然有幾句機鋒話、幽默話，也說得不自然。板著面孔說笑話，好笑的不是笑話，而是那面孔，這就鬬錯榫了。二十年後，差不多的題目都寫過了——僅指我所能勉強一試的題材——雖未江郎才盡，我相信「才盡」是可能有的事實，說起話來，毫無從前的粗氣豪氣，誠可惋惜。

我寫方塊，多半是有缺才補，所以方社中人，看見我出馬了，就知道發生了恐慌，往往爲了「解我倒懸」，會趕緊發救兵。救兵快點來吧，我又困在核心了。

五十八年三月三日

副刊論

我爲專欄跑龍套

「專欄作家協會」由各報副刊專欄作家組成，筆力雄厚，陣容堅強，爲各方所愛重。近年以來，由於時移勢轉，專欄的黃金時代似已隨風飄去，想起昔年的繁榮，徒添今日的冷落。現在由我來追述往跡，眞有白頭宮女說天寶遺事的意味，感興是多方面的。

副刊的專欄，總在千字上下，發表時，排成方形，列在前面作頭條，地位顯赫，俗名「方塊」，久繫人心。依我的了解，這是由「編者的話」這類文字演化而成，不必出於某人的獨創。爲使我的話有根據，原想往中央圖書館翻閱舊報，查個水落石出，公忙，未如所願，乃將這樁公案，留待以後了結。

話說民國三十九、四十年間，各報雖有副刊，僅聊備一格，不受重視；一週之中，只有三數日見報，廣告生意興隆，還要霸佔副刊的篇幅。以中央副刊爲例，當時在中副工作的，無論編輯或撰述，都是兼差或客串，大家各有職務在身，方塊常在半夜等看「大樣」時，完成於閒談嘻笑中，確是消遣文字，游戲筆墨。編輯部諸兄，實在忙不過來的時候，想起了我這個閒雲野鶴，也約我寫方塊，湊湊熱鬧，每篇八百五十個字，稿費五十元，算得「重金禮聘」，很榮耀，幹起來特別起勁。

初試方塊，覺得胸中有十萬甲兵，有說不完的話，偶爾客串，殊不過癮。如果當時要我每日一篇，我似乎都敢承包下來。其興致如此之高，意氣如此之豪，在今天看來，無非是對方塊認識不足，小看了它之過。說來慚愧，當年所謂「說不完的話」，只是廢話幾籮筐，一肚皮牢騷而已；生性又偏愛幽默諷刺，爲求筆鋒犀利，話儘管往刀口上、刀尖上說，得罪人在所不計，觸文網在所不辭，就做金聖嘆也無所謂，有一種烈夫殉名的精神，其愚誠不可及也。幸喜我與方塊結緣，以漸而不以驟，腳步出得慢，踏得穩，步步落實，正是長途跋涉的走法，走了三十幾年，一路之上，飽覽了山光水色，參悟了人情世態，眞有一點寫方塊的材料，可惜我又功未成而身當退了。

五十年八月，我正式主編中央副刊。前乎此者，我與中副雖親，而主要工作在資料室，畢竟客串的味兒重，隔著一層，碌碌無所主張，更無所謂作爲，最大的好處，是我有機會多多投入，接受長期磨鍊，把副刊每一根神經末梢都摸遍了，爲今後的工作，做了必要的準備；後乎此者，我有充分的「授權」，時勢又逼人而來，我可以想到那裏，做到那裏，把平日所觀察的、所體會的、所設想的，皆見於版面，訴之讀者大衆。因緣時會，歪打正著，贏得不少好評。至於方塊，不僅自己要寫，還要請人寫。此在今日，方塊已成副刊文字的一體，人人知道它是個什麼東西，扮演什麼角色，已經稀鬆平常；但在三十幾年前，請人寫方塊，該請誰呢？誰能勝任愉快呢？人家如果問我，什麼是方塊？怎麼個寫法？我將以何言答對！但是，責任在身，不得不勉爲其難。於是硬著頭皮，要人家取一個筆名，想一個題目，用八百五十個字，寫成一篇文章，交給我在中副發表，就算功德圓滿。「野蠻爲文明的開始」，沒有辦法的辦法，居然行通了，你說奇怪不奇怪！

更奇怪的還在後頭：除了請人寫方塊，我還教人寫方塊，以誤人子女爲職業，妙不可言！

文化學院夜間部新聞系主任，彭河清兄，訪問美國，約我爲他代課，講授「專欄寫作」。因他曾以「吉人」爲筆名，爲中副寫過專欄，我曾有求於他，不便推辭，於是抽空前往，上了五堂課，講了十小時。教學本來是「天曉得」的事情，樂天知命如我者，凡事不認眞，課誠然是講了，學生是否受益，好歹全憑各家祖宗保佑，或許也合辦副刊、寫方塊、無心揷柳的正道吧？

方塊裏面，我在經驗中領悟到的，有四個要素——哲理、人情、文采與時宜，曾在課堂之上，或在座談之中，講解許多回。現在寫出來，看看有沒有一顧的價值。

方塊四要素：——

一曰哲理　方塊以平易近人爲尙，所持理由，過分淺露，所抱觀點，過分現實，開口便見喉嚨，實難討好，所以要有深度。讀者讀了方塊，願意多想，有可資思索的；願意品嘗，有可供玩味的；願意學習，有可作參考的。凡事帶三分哲理，雖非談玄論道，卻暗藏那麼一點禪機，「心動爲禍福之始」，從正心誠意入手，處處引人入勝，則庶乎其不差矣。談哲理，最忌酸腐，尤忌鑽牛角尖，一頭栽進專門學術，寫方塊而掉書袋，陳腔濫調，令人作三日嘔，早把人嚇跑了，如何吸引得人住？

二曰人情　文章動人處，莫不有情。情是心靈最柔嫩、最脆弱、最敏感的部分，惟有情才能動情。從前梁啓超辦報，號稱「言論界之驕子」，就是因爲他「筆鋒常帶情感」，才風靡一時。因此，一個方塊，理由不管如何正大，措辭不管如何雄辯，總還在心靈外圍，惟有以情動情，始能鼓天下之動——動人情思。不錯，寫方塊要有感人的力量，所謂「筆掃千軍」，只要有人被感動了，沒有理都有理，不雄辯也雄辯了。

三曰文采　方塊長不過千字，文短易盡，向以精悍雋永見稱，文字必須簡鍊，對於積極修辭，要求特別多些。本來嘛，登在副刊的第一篇作品，有提綱挈領、振起全面精神的作用，毫無文采可言，說一陣口水話就一溜煙過去了，那算什麼呢？專欄作家其所以爲人所敬愛，就是他筆下的文采，造成他臉上的光采，讀其文而重其人，非有幾下子，不容易做到。「言之無文，行之不遠」，不僅寫方塊，寫任何作品，都該三致其意。

四曰時宜　副刊內容雖不像新聞有時間性，只有二十四小時的生命，卻有時宜性。發言立論，貴能「時然後言，人不厭其言」。孔子的話，說在兩千五百年前，今天聽來，仍然新鮮有味，無他，只因孔子是「聖之時者」，說的話得其眞際，得其本然，有以致之。我們的方塊，倘說得有分寸，不亂作揣測，不妄下結論，不信口開河，不無的放矢，只本著「溫柔敦厚」的詩教做去，像和知心朋友閒話家常一樣，把身邊瑣事，順手拈來，談得津津有味，與時偕行，即可謂「時宜」。合乎時宜的話，字字鮮活，永遠受人歡迎，還有什麼值得我們追求呢？

哲理、人情、文采與時宜，是四顆明星，放在方塊裏，熠熠發光，看得人眼花心醉，固然不錯，但如果要它們光芒四射，發出永久的光輝，卻還有待一個「趣」字貫串於其間，瀰漫於整版，使它們彼此四面照射，八方反映，構成一朵寶石花，如「論語」之倡導幽默，「讀者文摘」之追求「永久性的興趣」，就是這朵寶石花放射出來的異彩。對此，我別無話說，但有讚賞而已。

方家寫方塊，有如八洞神仙過海，各顯神通，各人發揮所長，從來是各不相照。在我的記憶中，方家們僅僅有一次正式集會，討論「找題目的甘苦以及怎樣寫法才能使讀者更感覺興趣」，大家針對著題目發言，不蔓不支，內容充實，甚爲成功。這是五十五年五月八日的事情，題目出於邱言曦的手筆，涵蓋了方塊應有之義。當時的出席者，皆爲一時之選，有幾人都作古了，言曦即爲其一。自言曦云亡，方塊黯然失色，至今未復舊觀！

我與方塊結緣，雖覺稍遲，而奠定始基，打點的卻很早。自初二開始，我每天用文言記日記，直到大學畢業的九年間，從無一日間斷，養成了寫作的好習慣。每天少則一、二百字，多則四、五百字，慢慢改用白話，一日之中，擇其可記者而記之，爲方便計，還冠以題目，每篇儼然是一篇一篇的文章。自己規定，嚴格執行：說過的話不許再說，記過的事不許再記，冗句必刪，錯字必改。有一天，在重慶小溫泉防空洞躲警報，獨自一人，百無聊賴，東想西想，忽悟「文辭的簡潔，來自思想的精純」，眼前一亮，境界大開，由是文理稍有可觀，一生受用。

另外與方塊密切相關的，有短評的研究。我在新聞系畢業之前，以抗戰期間重慶各報短評爲研究對象，草成「短評概觀」，登在「新聞學季刊」上。這次研究，對於習作短文，很有幫助，後來在貴州畢節「西黔日報」，寫了兩年短評，再後來，又在中央日報寫很多短評。這些短評，加上三千三百篇日記，就算我寫方塊的憑藉吧，該我有所恃而不恐了。半個世紀的寫作經驗，凝聚成一句話：「天下文章一大逼！」誰有機會受逼，誰就有文章拿出來。不錯，一點不錯，牛奶是擠出來的，文章是逼出來的，我今天與當初不同，只是被逼慣了而已，豈有他哉！

七十九年六月二十五日聯合副刊

開闢稿源

爲政者，爲求國家之富，必須廣求財源，而後國族之強可期。同理，辦副刊，必須開闢稿源，使當代作手——無論已成名的作家，或未成名的作者，皆願爲經營這塊園地，一同致力。於是，園地上萬木逢春，枝繁葉茂，鳥語花香，到得春色無邊時，副刊已成氣候了。

開闢稿源，其道多方。普通的，有約稿，有投稿；特殊的，有徵稿，目的在取得最好的稿件，以供副刊之用。就中以徵稿——懸獎徵文，最爲正式，幾乎是獅子搏兔一般，全力以赴；約稿投稿，雖不必如徵稿之鄭重其事，而其作業精神必須貫注到底。對於撰稿人，尤須交以道，接以禮，使他一稿在手，心中冒出第一個念頭，便是向「本刊」投來。每篇作品，我們有第一個選擇的機會，除非編者有眼不識泰山，副刊沒有辦不好的。

約稿是一種錦上添花的事，值得做。有資格被人邀請撰稿的人，類爲知名之士。

他們的文筆動人，作品放在副刊裏，別具特色。既然借重了人家的文筆與名氣，而其作品又叫座，自然而然由他寫下去，久而久之，在副刊上，東一塊，西一塊，不免出現「租界」，形成割據局面。

一個副刊，如果已有長篇連載、特約專欄，再加固定的約稿，而欲版面的生動，內容的變化，則人情有所不能，事實有所不許。因此，稿可以約，約不可固定，千萬不能演成劉備借荊州，久假不歸。不爲別的，只爲編者對於版面，要有充分運用的自由，副刊才辦得活，也才辦得好。

關於徵稿，上次談徵文時所談已多，今且放過；讓我掉轉筆頭，指向投稿，談談這個不成問題的問題。

開闢稿源，前已言之，旨在取得最好最多的稿件，以供副刊之用。約稿，可能得到最好的稿件，徵稿則可能得到最好也最多的稿件，但因取的名額和用的時間都有限制，不像一般的投稿那樣，等於天天在徵稿，有「財門大大開，金銀元寶滾進來」的盛況。

徵稿約稿，不管做得怎麼樣，總是人爲的成分居多，不是自然的發展，做到極處，只如燦爛奪目的插花，匠心獨運的盆景，美則美矣，而生機不旺盛，生氣不蓬勃，限於格局，難以更上層樓。

至於投稿，每天自朝至暮，都有大量稿件湧來，編者把每個封套拆開、壓平、理順，然後堆成一大疊，兩眼未看，雙手先軟，而心裏充滿了喜悅，面前展現了希望。這些稿件，長長短短，大大小小，從四方八面投來，有文友的好文章，也有生手的處女作，雖不見得每篇皆有見報的機會，而其努力寫作的熱忱可感，每一件稿子，投來的都是一張贊成票，表示他或她是用事實來支持你這個編者，包括你的主張，你的作風。

副刊之所以能造就新的作家，乃由於有投稿這種作法，而閱讀副刊，消遣爲其名，進修乃其實。我主編中央副刊期間，有一位小姐，在人家當下女，主人兩夫婦，年紀大了，把她當女兒看待。她每天工餘多暇，閒著無事，只看副刊，看了多年，居然能動筆，投了幾回稿，居然能上榜。我在發表她那篇短文那天，在「方塊」裏提到這個背境故事，也警覺到我由此而對副刊有深一層的了解。副刊要登好文章，也要登通俗的作品。無論什麼作品，凡適合在副刊發表的，都必須植根於讀者生活裏面，作品變爲讀者的血肉，成爲他或她的一部分，誰能不愛副刊呢？

徵文有第一篇，固然不錯，其實副刊每天都有第一篇，不過不是編者標示出來，而是作者感覺出來的。一篇處女作，在作者本人看來，每個字的一點一劃，都在對著他笑，他的名字閃閃放光，比金剛鑽還要亮；他讀了又讀，把不定從心底發出贊美來：這是今天副刊上最好的文章，要多買幾份報，寄給遠方的親友，要多打幾個電話，讓人「一體周知」。

第一名，獨占鰲頭，享最高的榮譽。此在徵文，一年之中，事，只有一、兩回，人，也只有一、兩個；在自由投稿，各擅所長，儘情發揮，則天天都有。若以徵文的獎金，用來提高稿費，那副刊的功效，當不止這一點點！

另一方面，每個編者都是漢武帝，要「罷黜百家」——退稿。這是做起來很傷腦筋，又不得不做的事情。秦孝儀先生主持「中央月刊」期間，曾感歎著說：「退稿，好難啊！」他都認爲很難的，只怕是眞難吧！

約稿，篇篇可用，即令有問題，好商量，沒有退稿的煩惱。徵稿，事先說明了要奉還，退稿不過是具備一項手術，也無問題。問題在投來的稿件，在用與不用之間，有的聲明不退，有的主張璧還，到底誰對誰不對呢？

稿投出來，雖然是一塊問路石，也是一個希望——希望登出來，至少也希望有個下落。有些編者，仁慈爲懷，深知退稿對作者，尤其初學寫作者，打擊甚大，不忍出此下策，存心不退稿。結果是：作者天天打開副刊，看看自己的品發表沒有。每翻一次，失望一次，所受的痛苦，累積下來，決不少於一次退稿的打擊！

退稿，看來是編者心狠手辣，其實他使稿件物歸原主，不僅對他有所交代，也把這一回合的不利透露給他了，請他準備得更充分些，迎戰第二回合，不也通情達理嗎？

投稿數量大，退稿的數量隨著增大，郵費遂成為一筆不小的開支。會計室認為這筆開支是可省的，不用的稿子儘可不退。凡是可以節省開支的意見，在主管聽來，都十分動聽。於是，有的副刊聲明不退稿，要退的話，得附回郵信封、貼足郵票。這種做法，完全是小兒科的行徑，不足取！

童常（尚經）兄主編「新生副刊」期間，以積存可用稿多自豪，他說：「從今天起，即令一個字不來，半年之內，新生副刊絕對不會發生稿荒！」我說：「老哥，你囤積這許多，自然有所恃而不恐，可享受無虞匱乏的自由，但對作者來說，你不用也不退，等於和人家小姐訂婚而不結婚，不是坑人嗎？」

退稿事大，這的確是要設身處地想一想的。

稿可退，且非退不可。副刊的容量有限，來稿的數量無窮，以有限應付無窮，那多出的部分，如果不及時處理，愈積愈多，將令鬼神發愁。仲肇湘先生任中央日報總主筆時，來論甚多，多半是可用的，卻苦於篇幅太小，無法容納，而仲公仁厚，總希望有第二個機會登出來。我看在眼裏，建議仲公，拿出快刀斬亂麻的手段，不用即退，稿子是不容作第二次考慮的。後來愈積愈多，人家要求退回，移作他用，要找出那篇稿子，都很困難。仲公才說，悔不聽我的話。

像退稿這種事情，處理起來，最好是眼明手快，「今日事，今日畢」，圖個乾淨俐落。

如何退稿而不傷和氣，使作者在接得退稿，一陣不快之後，能夠痛定思痛，再接再厲，再把作品投來？我用過投來第一百次的稿子，那位仁兄經得起九十九次的挫折，我也看過他從第一次到一百次的作品，我指點過他，批評過他，也鼓勵過他，所以他能堅持到底，對我也無怨言。

投稿本來是一場文壇爭霸戰，惟能堅持到最後五分鐘者才有成功的希望，退稿不過提醒我們，還要努力罷了。

徵文乎？投稿乎？

要有好作品才有好副刊，爲了取得好作品，副刊編者，即令多費精神，多花鈔票，付出任何代價，皆在所不計。近幾年來，時興拿出一大筆鈔票，設置獎金徵文，「重賞之下，必有勇夫」，自然會有好作品應徵，把副刊的場面，撐得非常熱鬧，至於前所未有的地步，看來十拿九穩，是很成功的。

不過，事實有兩面，我們看了正面，還要看背面，綜合起來，才算得迫近事實眞相的觀察，而於辦副刊，有所補益。

用獎金徵文，好處在能造成聲勢，足資號召。每逢徵文開始，副刊的頭條就大吹大擂登場，弄得舉世皆知，大家都以爲某某副刊，在大力倡導文藝，鼓勵創作，發掘新秀，復從而附和之，贊美之，推波助瀾，使聲勢更爲壯大。這種作法，雖無自我宣傳之名，而有其實，則已收到廣告的效果，獲得第一回合的勝利。

其次，獎金比稿費高若干倍，實在誘人。愛國獎券比徵文多得多，但中獎的機會近於零；應徵則在能力範圍之內，雖未必有把握，卻很有希望，一旦上榜，名利雙收，且從此走上文藝的道路，與自己一生的幸運相連，實在太美妙了。所以副刊徵文，應徵者踴躍參加，從來沒有衰息的時候。

其三，徵文的評審，借重社會碩彥，完全符合「用社會力量，做文化工作」的要求，邀請社會人士來評審，因爲他們和她們已有成就，已有名望，肯來參加評審工作，在聲勢上，甚爲喧赫；在號召上，甚爲強大，無疑地是一個妥善的安排，有助於徵文的成功。

有貝之財與無貝之才相結合，更能與天時、地利、人和相結合，有人、有財、有勢，徵文焉有不成之理？所以大家趨之若鶩，毫不足怪。

應徵的作品，數量很大。這是有來由的，因爲台灣地區的教育普及，具有寫作潛能的人不在少數，一旦徵文，登高一呼，萬山響應，乃自然之勢。話說應徵的作品，雪片飛來，副刊部門立刻忙碌起來，先打頭陣——做初審工作，大刀闊斧地幹，淘汰一大部分；然後以選出的精華，圈入複審的範圍，送請評審委員評審。經過挑燈夜戰，看得眼花撩亂，像丈母娘看女婿一般鄭重，挑肥選瘦，選出某也第一，某也第二，某也佳作，直到最後，幾位同組的委員，開會協調——各人把評審的分數拿出來作總評分，「英雄所見略同」時，不成問題，甲是甲，乙是乙，名次就定了；

若評審的分數相差甚遠，那就得從長計議，仔細協調，不過，請放心，結果總是圓滿的。

現在，密鑼緊鼓將得獎的作品催出來了，也推出來了，看吧，副刊用最大的字體標示著，還配有評審意見，作者簡歷，一齊出籠，只有「漁陽鼙鼓動地來」，才有這樣的喧赫，這樣的威勢。再靜下心來讀吧。嗨，第一篇，好文章，好筆墨，讀來眞是過癮！徵來的文章，百中選一，不，千中選一，那還有錯嗎？過癮，過癮，眞過癮！

第二天，再讀第二篇，雖也過癮，畢竟是第二名，已不如第一名；第三天，讀第三篇；第四天，讀名列第四的「佳作」，有如倒嚼甘蔗，從甜的根部嚼起，味愈嚼而愈淡，到了尾部，味口就差不多倒盡了。徵文的投資，產生「土地報酬漸減律」——土地的報酬，隨著投資的增加而遞減——的結果，是我們大家都意想不到的！

癥結所在，在我們把文章分了類，又分了等級。人的習慣，文章總是揀著好的讀，讀了第一等的作品，再讀第二等的作品，不免有點「不得已而思其次」的意味，但天下文章多的是，我爲什麼要浪費時間精力讀你第二流以下的作品，而不另覓出路呢？任何刊物，不管怎樣辦得好，都不能包攬天下的好作品，所以，這「不得已而思其次」，也不完全適用於此。費了這麼大的力，用了這麼多的心，徵來的作品，只有極少數的幾篇能夠吸引人，其餘都落空了，那是多大的浪費！文采如花，牡丹芍藥的富貴，夏荷秋菊的清遠，野草閒花的幽香，各擅勝場，如果定要用一個標準來評定甲乙，則萬物不得其所，或者和物性相違吧？同樣是進士，考第一的狀元，第二的榜眼，第三的探花，並不一定比考最後一名的高明多少，只因巧立名目，榮譽的濃度，大不相同。但是你也不必太認眞，我且問你，古來那麼多狀元，你記得幾人？我們歷屆徵文的首選，是張三呢，還是李四？你記得嗎？他或她的文章，你讀過嗎？你記得嗎？那篇得獎大作，題目是什麼呢？唉！我負責告訴你，連主持其事的人都記不得、想不起，惟一念茲在茲的人，只有那個得獎人的本人！

問題的關鍵在評審，而我們的評審制度一直還未建立，因此，我敢說，我們的評審還在探索之中。我們的文藝界，圈子這麼小，彼此非親即友，社會講究人情味。身負評審之責者，在「人情大於天」的社會，而欲伸張其剛直公正之氣，非有堅強的道德勇氣，深厚的藝術良心不可。有一次，我和文藝界一位老友，對評審一事，我曾慨乎其言之說，凡經聘定為評審委員者，必須在國父遺像面前，宣誓就職，如何如何。我的老友苦笑著說：「老兄，那不是『這裏無銀三百兩』嗎？你暴露你的身份，正好引來更多拜託，反而更加麻煩！」我說：「那倒不然，公開以後，姜太公在此，倒可以使諸神迴避！」

同樣的話題，我和其他文友談，也只是談談而已。我做編者多年，天天在稿件中混，知道評審工作本來難做，所牽涉的亦廣，不僅是學殖問題，能力問題，還有眼光膽識等問題。一篇稿子，作者的來頭太大，關係太深，都會構成壓力，而在兩者之間，不是用，就是退，毫無緩衝的餘地。在這「不用則退，不退則用」的緊要關頭，天人交戰於胸中——你是要好文章呢，還是要好人情？天呀！這一個難題，只有我自己的良心才能決定！

照我的經驗，懸獎徵文和一般投稿，可以並行不悖，投稿乃其常，如白菜豆腐，百吃不厭，可以細水長流；徵文處其變，如肥魚大肉，可以打牙祭，必欲得其正，做到恰好，才養腑養臟養太和——這卻要看編者的戲了。

七十七年二月二十一日

副刊及其編輯

報紙的內容，大別爲四：新聞、評論、廣告、娛樂。副刊可歸入娛樂，間或亦含新聞、評論、廣告的性質，在報紙上佔一席地，是立得住腳的。

從副刊發展的過程看，娛樂並不能概括副刊的性能。中國報紙的副刊，至少和游戲筆墨一樣，是可以寓懲勸、廣見聞、供娛樂的——供娛樂只是副刊的三種性能之一，所以副刊是多元的。

從中國報業史觀察，文藝可以說是中國報紙的主要實質。在西洋式的新聞形式未來之前，中國新聞的寫法就是章回小說的寫法，中國評論的寫法也是「東萊博議」的寫法。

副刊與新文學運動相表裏，成了報紙的前導——最先採用白話，最先使用標點符號，介紹西洋思想，它也走在前面。

從宣傳的角度觀察，副刊是伐敵誅奸的有力武器，它攻擊過滿清，它鼓吹過革命，它討論過社會問題，它最擅旁敲側擊的宣傳。最好的宣傳，有如吃鹽，雖有鹹味，不見鹽形，副刊正是如此。

由此可知，副刊的內涵非常廣泛，做一個副刊編者，和任何一版的編者一樣，須有修養，要知道副刊所具備的諸般功能，運用起來才靈活，才神妙。

對於文字的要求，一般人所要求於副刊者，比其他各版更爲嚴格，因爲副刊，縱非文藝本身，也與文藝接近，講究高雅，講究漂亮；而且副刊編者要負責「改文章」，有時改的還是「作家」的文章，倘本身的素養不夠，則一切都要落空。同時編者的任務在衡文，還要養成批評的能力，掌握一般發展的情勢，並顧到讀者的興趣與需要。

編者的主要任務，在設計內容，改進版面，開闢稿源，鞏固信譽，維持副刊的水準，隨著時代的進步而進步。

副刊是爲讀者辦的，一切以讀者爲依歸，「民之所好，好之；民之所惡，惡之」，是辦副刊的基本原則，副刊編者不能以一己的好惡爲好惡。

任何刊物都是作者用心血灌溉出來的，如果它不能得到當代作家的充分支持，即無成功的希望。一個刊物之成功與否，可以統計其作者成分，已成名的願意爲它執筆，未成名的在此成名，便是它成功的表徵。

一個刊物，有作者即有來路，有讀者即有去路，來去自如，可謂之「通」，通是辦刊物的康莊大道。

任何一種編輯，都可分爲兩部分——形而上的「學」和形而下的「術」。所謂術，就是版面藝術，是看得見的部分；所謂學，那是編輯方面比較專門的知識，往往在版面之外，是看不見的部分。如果談編輯，只有術而無學，僅能依樣畫葫蘆，即使技術純熟，脫不了匠氣，仍舊是編輯匠；如果學術兼修，則能因版面而變化，能活用編輯學上的原則，能自出心裁，獨創一格，才可能對新聞事業有所貢獻。

所謂編輯，可以這樣說：把原稿（文字與圖片）按照一定的尺寸，製作成某種形式（書本的、報紙的、雜誌的），以適合排字、拼版、閱讀的要求而不失其美者，所採取的手段，便是編輯。

因爲編者，除了具備編輯能力而外，一切都要靠別人，稿子要靠人寫，鉛字要靠人排，版子要靠人鑄，所以要能與他人充分合作，而合作之先，要先有印刷的常識，要知投稿的市場……「術」之所在，也是「學」之所在，編者要出人頭地，要把刊物辦好，必須潛心研究。

編輯所見於外的部分，厥爲版面，現在只談副刊的版面。副刊的版面，與新聞的版面截然不同；新聞版上標題多而內文少，副刊則題目少而內文長，在處理上所採取的手段，也劃然有別。

任何版面，如果處理得適當，必能造成「黑白分明」的印象。此可由三個原則入手：

一、疏密有致　框子內外當疏，花邊左右當疏，題目上下當疏，行與行間的間隔，批與批間的距離亦當疏。疏就是留空白，和繪畫的「佈白」相當。我們知道，著墨的地方，固然是一幅畫必不可少的部分，不著墨的空白，如烘雲而得月，也是畫不可少的部分。誰能體會得「不著一字，盡得風流」，便可以談版面藝術了。

二、長短合度　文章有長短，題目有長短，闌欄也有長短。在整個版面上，一切組版的材料——鉛字、鉛條等固然是組版的材料，文章、題目也是組版的材料——彼此是互相依賴。此猶寫字，遇著下面筆劃多的字，寫上面的筆劃時，要爲下面的筆劃預留地位，則其長者始能伸，而其短者始能收，顧頭不顧尾者，不能通盤籌劃，勉強談編輯，必然格格不入。

三、橫直得宜　版面要變化，才能吸引人，方塊字既是直排的，間或改用橫排，即可發生變化。但橫排不宜太多，只有題目（包括附題、按語等）或圖片說明，儘可發揮。

版面是「拼成」的，它可以像玩積木，把一塊一塊的小木頭砌起來，造成一個形狀；但版面如果當做藝術來探討，我們寧願說它是「形成」的，那就要像七巧版一樣，知道截長補短的道理，知道因稿制宜的要領，益以多讀雜誌，尤其是著名的畫刊，隨時心領神會，蓄於胸中，能因版面而生變化，則版面藝術就到家了。

中副選集的架構

十六年前，「中副選集」問世，至於今日，第二十輯即將出版。在作法上，這是一脈相承的，說來也是故事。

「選集希望成爲一系列的集子，第一集出版之後，還有再印第二輯、第三輯……的安排，好作品不愁印不出來。」我在第一輯「編後」說的話，在當時是一個希望，在今天是一個事實。希望與事實之間，還有些曲折，有些波瀾，別人不能說，或說也說不圓，只有由我來說了。

報紙有所謂合訂本，就是每個月把報紙裝訂成册，以便保存和翻閱；專刊如法炮製，像本報的「地圖周刊合訂本」，行銷多年，頗著成效，即爲顯例。因此，五十年八月一日擴版以後的中央副刊，很想走合訂本的老路，俾擴大服務的範圍，紙型都保存好了，打算每三個月出一册「中央副刊合訂本」，年出四册，以廉價應市。臨到取出紙型，準備鑄版翻印的前夕，大家又才來切切實實考慮這個問題。因副刊沒有時間性，今天看和明天看沒有分別，假如中央副刊出了合訂本，有些讀者可能等著合訂本出了再看，自然會影響本報的訂閱。果眞如此，那可不是鬧著玩的。這幾乎是同仁們一致的看法，我獨不拗衆，啞口無言，便偃旗息鼓，將手裏的紙型收拾起來，束之高閣，完事。

老路不通，於是有「中副選集」的設計與規劃。思慮逐漸成熟，遂於五十一年十月六日登出啓事：「爲出中副選集歡迎讀者合作」：——

……這許多字所組成的作品，字字都是作者們心血的結晶。在發表的那一天，有很多篇撥動過讀者的心弦，留下深刻的印象。我們想在很多作品中，選出若干篇值得再讀三讀的來編印「中副選集」，以廣流傳，便於翻閱。因茲事體大，編者不敢自專，於是本著「大家的事大家幹」的精神，請求我們的讀者，出其智慧，大家都選，和我們合作：

一、範圍　從去年八月一日至今年九月三十日的中央副刊。

二、對象　以短篇小說、中篇小說、散文爲限。

三、凡屬佳作，經你選出的，請將作者姓名（或筆名）篇名，能舉出發表日期最好，自即日起，函寄本刊編輯室。

四、所選的篇數不受限制，但選擇時，務請謹嚴。

五、十月三十一日截止。

六、所得結果，在「中副選集」出版之前，用最簡明的方式公告。

我不能忘情於讀者，因爲他們所表現的，一向都很高超，我很想藉此機會，測驗他們欣賞的能力，看看他們心目中的好文章，到底是什麼樣子。同時，出版「中副選集」是破題兒第一遭，毫無把握，反正選集之後，好歹都要訴之讀者，如果選擇之初，就採納他們的意見，以後的批評自然會少些，對選集來說，總是有利的。

「啓事」登出後，推荐的篇目絡繹而來，有的確有獨到之處，有的卻抱博愛主義，一口氣選錄了幾百篇。另外有許多明信片，寫的字一樣，說的話一樣，推荐的作品一樣，付郵的地區一樣，雖然署名不一樣，誰又能相信不是出於一手呢？看來「歡迎合作」已招來四面八方的困擾，不能不妥爲應付。像選擇作品，出版選集這種事情，而乞靈於讀者，雖合民主作風，實同築室道謀，顯然是自己拿不定主意所造成的煩惱。其實，這也不能說讀者如何如何，只是少數作者希望作品入選的心過切，以致採取的手段不當，才節外生枝，使我猛然回頭，倒轉來信任我自己。

當副刊編者，處理編務容易，主持編政困難。編務多半是例行公事，保守一點，只要蕭規曹隨即可，而編政則須心營意造，出新主意，想新辦法，開新天地，即令對於做過的事，也要想出一點花樣，推陳出新，稍加變化，然後有人理睬。所以，編副刊，倘能控制字數，進而控制版面，益以長短、大小、橫直、疏密、輕重的「因稿制宜」，則六轡在手，縱橫馳騁，隨心所欲，無施不可，至於編政，那要講究經營，所以，同是稿子，編務側重如何處理，如何處理得當；編政卻著重稿源，如何才能得到最多最好的稿子，如何使副刊具有一種魔力，長期把讀者吸引住。在這個觀點下，「中副選集」從開始就不為每一冊取書名，不僅省下了巧立名目的麻煩，而且滿足了人群求全的心理。「中副選集」是一系列的集子，按一、二、三、四、五……排列，連續出書，各就位以後，一旦發現缺了一本，自然要設法補齊，才是全的；如果每冊各取一個書名，單獨出版，各不相干，那麼，「中副選集」的第一輯，從五十二年五月初版開始，迄於六十七年十月，共出十八版，平裝三萬五千八百七十七冊，精裝九千一百冊，共為四萬四千九百七十七冊，該不會有這個數字吧？

一本書，十六年內銷售了四萬五千冊，還沒有衰息，試問有什麼奧妙呢？當然與作品是代表作有關——一棟高樓是鋼架支起來的，一本選集是佳作撐起來的；其次，與選集的構想有關。選集之分第一輯、第二輯……設計的時候就把它當做一部百科全書在做，每一輯的出版，等於大部頭的巨構分期出書，假如執行得法，可收「其始也簡，將畢也鉅」的宏效。事實上，選集具有發展性，其「鉅」可待，「畢」則未必，而出版到若干本以後，已構成一系列，由於第二輯有第一輯舖路，第三輯有第一、二兩輯鋪路，如此類推，第十輯有前面九輯鋪路，愈到後來愈成熟，社會大衆聽到「中副選集」，就知道它具有什麼性質，什麼水準，什麼內容，什麼風格等等等。這種心理上的準備，更有利於宣傳，一種成熟的宣傳，可收「登高一呼，萬山響應」之功，是一般所謂「宣傳」者所萬萬不及的。固然，第一輯爲開山之祖，爲後來各輯鋪路，任務艱鉅，但出版的輯數漸多，後來的各輯對前面的各輯會起帶動作用，所以，每逢新的選集出書，預約或發售期間，都要連帶地領頭推銷以前各輯，包括第一輯在內。在這種「反哺」的情勢之下，「中副選集」第一輯，乃得銷售四萬五千册，而在出版十六年之後，還沒有衰息的徵候。從前讀「孫子」，讀到「譬如率然——率然者，常山之蛇也，擊其首則尾至，擊其尾則首至，擊其中則首尾俱至」，只當做故事讀，而兵法不外乎人情事理，不意於「中副選集」的構想中得之。原來這是我孫家的家法，我不得不佩服我家的老祖宗。

選集倘有可觀，要像廬山一樣，橫看能成嶺，側看能成峰，才有意味。選集的嶺已看過了，它的峰又如何呢？

奇峰突出的，自然是第一輯第一篇「門鈴」的作者，梁實秋先生。梁先生桃李滿天下，文名滿天下，用不著我多說，我只說他的「雅舍小品」，是他在重慶主編「中央副刊」時寫的，生動雋永，有如花彫，愈陳愈香，到如今快半個世紀了，大家還在讀，還喜歡讀。記得「門鈴」寄來時，喜不自勝，忙向當時的曹社長報告，曹社長也先睹為快，讀後感歎說：「眞不愧名家之筆！」第六輯有「髮患」，作者梁文薔，是梁先生的女公子，幽默風趣，頗有父風。

「狼」是第一輯的壓軸篇，作者朱西甯，今已白髮盈顛，而「狼」發表使他成名時，他還在青年時代。朱西甯和「狼」，「狼」和朱西甯，幾乎是「二而一」不可分的，說來也很有趣。

中副擴版以前，我在資料室當主任，但我已知要回中副工作。那時我家住永和，余光中家住廈門街，有一天，路過廈門街，特別去叩余府大門，和光中兄閒談，因離中副已三年有餘，行情不熟，不知寫小說的後起之秀，有些什麼人。余兄列舉數人，其中一人即為朱西甯，我就請他代為約稿。不久，稿到了，厚厚的一本，字字工整，但全本的紙張已舊，惟獨第一張是全新的。依我的推測，這篇題名曰「狼」的小說，曾經投過稿，沒有被採用，主編在上面作了評語，而評語「不足為外人道」，而改投嘛，就只有把第一張重抄一遍以滅跡了。我這樣推測時，愈想愈像，所以對於「狼」的第一印象並不好，便擱置一旁。

幸喜我攻習新聞，多年來已養成客觀的態度。對於稿件，一定要看完了全文，再下斷語。對於「狼」，印象雖不好，到底還須看它一遍。不過，看也不存好心，是想挑出錯來，作爲退稿的理由。誰知不看則已，一看就有欲罷不能之勢。我看完之後，對自己說，這是一篇好文章，是一篇一氣呵成的好小說。卻還須作深一層的考慮，要用什麼樣的方式發表，才可以使它一氣呵成的氣勢表現出來。因爲題目只有一個「狼」字，我先往資料室，在一部百科全書裏面，找出狼的照片，鑄成鋅版，然後，第一天發七千字，玩一條長龍，讀者毫無選擇，只有從頭至尾往下讀的一途。做是做了，沒有把握，心裏一直在嘀咕，夜裏不得好睡。發表之日的下午，任熙雍兄悄聲說，「狼」很好，我才吞下定心丸；此後未來一週，就佳評如潮了。

事隔甚久，從間接方面得知，「狼」曾投「作品」月刊，因係方言，編者壓了三個月，沒有採用，卻在中央副刊嶄然露頭角，可謂與中央副刊有緣。

「沒有臉的人」，寫法甚新，出於水晶之手，是王理璜小姐取的。她很看重這篇小說，誠恐我對「新潮派」不欣賞，特致撕下一張日曆，留字條給我，堅持她的意見。「沒有臉的人」發表以後，接得好多篇評論，還有一本雜誌爲它闢專欄討論，使作者成爲有頭有臉的人。我屢次想見他，他都推脫了，後來又請他，他問我「有什麼要事」，我回信只說：「我想看看你！」於是他來了，臉兒紅紅的，羞怯怯像一個鄉下大姑娘。後來他出國，松山機場送行的，除了他的姐姐和姐丈，就是我了。正巧碰見谷正綱先生送國際友人的行，我就在谷先生面前，著實稱道水晶幾句。他臉兒紅紅的站在那裏，一句話都沒有說。

本報三十八年來台，文藝健者，前一輩的，最初多在中央副刊這個發射台上升起，他們和她們今天已有成就，已成名家；而水晶、朱西甯、曉風等，年事較輕，亦在這裏起飛，使副刊內容更充實，更使人愛看副刊。其中以單篇而哄動整個社會者，有狄仁華的「人情味與公德心」，引發了自覺運動；孤影的「一個小市民的心聲」，引起廣泛的閱讀，單行本在一月之內，出了三十萬册，五個不合法的翻印還不算在內。這些都在讀者諸君的記憶中，「好漢不提當年勇」，在此一筆帶過就夠了。

「我的啓蒙老師」，是黎安萍小姐寫的。此文選入「中副選集」第四輯之後數年，發生一個故事，直到今天，只有三、五個人知道。

那年大華晚報徵文，爲配合教師節，以「我的老師」爲題，我也忝爲評審委員之一；在若干篇文章中，經各位評審委員選精挑肥，選出最好的十篇，作最後的裁定，非要我看看不可。時間已經迫促，那晚只得「挑燈夜戰」。不看猶可，看到一篇第一名的候選者，寫得的確不錯。我看了不到一半，直覺地感到「似曾相識」，遂掩卷猜其結尾，果然被我猜中了——不是電視上的強迫中獎——又在書架上抽出「中副選集」，比對之下，果然就是「我的啓蒙老師」的「手抄本」，自然那位作者沒有得獎，只怕也無從得知這個幕後的挿曲。那位仁兄的運氣不好，若不是最後一關遇著我，他不是穩得了獎麼？他得了獎才發現他是抄襲，爲了投鼠忌器，還不是裝糊塗了事！我樂意透露這個內情，因爲藉此可以看出，選集中的作品參加比賽，是名列前茅的。

「我的座右銘」成書始末記

說來你不相信，「我的座右銘」之成書，是逼迫出來的。其事曲折而多奇，正是副刊的正科材料，有趣，值得一述。

「我的座右銘」創始之前，有「成功者的座右銘」在中央副刊譯載，爲之先導。原來，第二次大戰期間，美國一家雜誌，This Week，爲鼓勵民心士氣，特闢一專欄，訪問各階層的領袖人物以及社會賢達，發掘其成功之道，文前加上一句格言，與內文相映襯，俾成爲一篇篇短小精鍊的訪稿，名曰「成功者的座右銘」，在This Week 上，逐期發表，非常成功；後經周增祥先生翻譯，投在中副連載，也非常成功。

「成功者的座右銘」，平步青雲，中副讀者對她有偏愛，幾乎到了「不可一日無此君」的地步。然好事多磨，一天晚上，譯者周增祥先生突來中副編輯室見我，未及寒暄，即入本題。周先生說，他的舅父認爲，「成功者的座右銘」這樣叫座，如果改換一處發表，普及面擴大，將受更多的人歡迎，稿費也會多些，可以抬高她的身價。周先生覺得他舅父的看法很對，特來和我商談。來意至爲明顯，他受乃舅的影響，心已動搖，意欲把「成功者的座右銘」從中副撤走，飛上枝頭變鳳凰。

我定了定神，提醒他說：

『不錯，「成功者的座右銘」，很叫座，很受歡迎，這都是你的才幹造成的。不過，我們要辨別清楚，愛讀「成功者的座右銘」的人，全是中央副刊的讀者；中央副刊之外的讀者，還不知「成功者的座右銘」爲何物，是否愛她，還在未定之天。照我們辦報的經驗，新的讀者對新的作品，要有新的認識以後，才會生愛心，這卻是要時間來解決的。我勸你，「成功者的座右銘」，仍然在中副繼續發表，將來出單行本，再考慮在別處印行，兩得其便，不是很好嗎？老哥，你看如何？』

沈默寡言的周先生，我萬想不到，會「將」我這一「軍」。經我一席話，雖使他回心轉意，接受我的建議，把「成功者的座右銘」留給中副，以後夜長夢多，倘有人再出主意，誰敢保證他不變心呢？我想到這裡，不寒而慄，於是，左腳送走周先生，右腳就拐進編輯部，把我們中央日報駐美特派員陳裕清先生的通訊處要來，立刻寫信給他，請他馬上買一本「成功者的座右銘」寄來應急，以備萬一周先生有所舉動，我才有所恃而不恐，對熱心的讀者也才有所交代。

「成功者的座右銘」，譯載完畢，由譯者自行出版單行本，乃告一段落。另一方面，我這回受了意外的刺激，心有未甘，苦悶之中，忽然想起，我們中國人是熱愛格言，而且信奉格言以行事的民族，「成功者的座右銘」，美國人能做，中國人更能做，於是我自出心裁，想起「我的座右銘」這個名目。名目既定，就沿著這條思路，一直長考下去。

首先，想到「我的座右銘」，雖由「成功者的座右銘」而來，但必須脫胎換骨，中間有因襲也必須有更新，有師法也必須有創意，倘能做到青出於藍而勝於藍，那最理想。

其次，我想到，「成功者的座右銘」是翻譯，是來路貨，「我的座右銘」是創作，是土生土長的土產，最合中國人的口味，應有燦爛光輝的前景，後來居上。

再其次，想到辦副刊，對於一個新觀念，想得出固然可喜，做得出才最爲可貴。現在，「我的座右銘」這個新構想，已經想出來了，但是，我們要等待作者的通力合作，能夠做出來，做出來有效益，才能算功德圓滿。

於此，無妨估量一下我們的作者。

我們的作者，沒有這種經驗和能力，即令在「稿約」中詳細說明，也是枉然。因此，我更想到，邀請幾位文筆熟練的作手，社內的，如胡有瑞小姐、蔡文怡小姐；

社外的，如蔣芸小姐等，再加上幾位文友，授以方略，有勞她們去訪問知名之士。訪稿到手，配上一句格言，一面掛出「我的座右銘」的招牌，作爲「樣本」以示範，一面在「稿約」中坦誠相告，希望大家不要以「仿造」爲嫌，因爲摹仿是創作的開始。「百聞不如一見」，永遠是眞理，大家讀了幾篇新出爐的「我的座右銘」之後，依樣畫葫蘆，興趣來了，靈感來了，稿件也來了。

「我的座右銘」成長的里程碑，載著輝煌的紀錄，是值得記下一筆的：

一、民國五十四年八月二日登啓事，徵求文稿；

二、同年八月十一日開始選載。離開始徵文只有七天，至八月十七日，讀者僅讀了七篇，編者卻「因工作之故，所讀已三十倍於此」（「社會的心」），稿源非常暢旺。

三、民國五十五年青年節，從二百餘篇中選出一百篇，編印成書，即以「我的座右銘」爲書名。三月十二日開始預約，至三十一日止，二十天之內，預約達九千九百一十二册，差八十八本就滿一萬整數，創預約的紀錄。

四、同年五月二日，中央廣播電台，在其「早晨的公園」節目中，開始播「我的座右銘」，每日一篇。後來民防電台，亦將座右銘改編爲短劇播出，效果都好。

五、民國五十六年八月十七日，再登啓事，徵求文稿，且標明要向新方向發展：

八月二十五日開始選載。次日，中央日報曹社長，發表「我的座右銘復刊」，說明復刊的原委。曹社長說：

『民國五十五年三月以後，中共發動所謂「文化大革命」，繼之以紅衛兵之亂，中副騰出大量篇幅，容納作者長篇鉅製，來分析並解釋這一暴亂現象的來龍去脈，因此有許多專欄都停頓了，「我的座右銘」便是其中之一。座右銘停刊以後，讀者諸君不斷來信，要求恢復。有些讀者具體建議，至少要選出三百六十五篇，印成小册子，俾讀者可日讀一篇，日行一善。因此中副決定恢復這個專欄……。』

這些事實，只是座右銘發展的幾塊里程碑，其間有連續也有中斷，未必進行得盡如人意。不過，有一點是千眞萬確的：中央副刊上只要有「我的座右銘」出現，似乎就帶來了生氣，中副也特別顯得有精神：座右銘每個字皆如老蚌所產的眞珠，光潔晶瑩，玲瓏剔透，自不消說，而其反射在人生的意義上，更提高了人生的價值。

「我的座右銘」，土生土長，先天既足，後天又調，發育得枝繁葉茂，展開一片繁華景象。此則由於群起響應，有以使然。

此外，還有一些插曲，也是很有趣的，無妨在這裡補敘一二。

話說台東有個小鎮，鎮上有一座監獄，收容「政治犯」。這些有頭有腦的難友，對於「我的座右銘」，甚感興趣，時常三三兩兩，交換意見，你出一句格言，他講一個故事，組合起來，就成一篇「我的座右銘」，因爲他們在崎嶇的人生道上栽過跟斗，經驗是豐富的；因爲參加過「政治鬥爭」，文筆是犀利的，所以他們投出的「我的座右銘」，爆出集體智慧的火花，不僅品質好，而且數量多，一時紅了半邊天。

中央日報的稿費單，十足兌現，「幣信」向來很好，只要作者簽了字、蓋了章，稿費單即可在任何一處中央日報辦事處兌現，所以，中央日報稿費單，大家都知道是滿天飛的。這時，台東這個小鎭，營業收入每月繳社之後，所餘有限，不夠兌換全部稿費單，於是小鎭出現了一種奇異的現象，中央日報稿費單，可以在市面和新台幣一樣流通，一樣受歡迎。這種情形，經通訊科主任周汝爲向社方反映，每月留新台幣四千元在小鎭，以備兌換稿費單之用，乃得恢復正常。

「我的座右銘」出書，由上海印刷廠排印，第一版原訂印五千册，隔不幾天，預約湧至，馬上加印五千；後來預約近萬，又加印五千。中央日報同仁，笑逐顏開，對我恭喜，都說，「我的座右銘」還在印刷廠就賺了。有一天，我在重慶南路逛書店，遇著一位出版界的老朋友，他興高采烈地對翹起大拇指對我說：「老兄，我們書店的暢銷書，賣了三年，才賣幾千本，你預約就有一萬，佩服佩服！」

另一方面，周增祥先生責怪我，只顧爲「我的座右銘」大力宣傳，卻把「成功者的座右銘」冷落一旁，顯得很不公平。我坦誠對他說：「老兄，『成功者的座右銘』不歸中央日報出版，我拿什麼去爲你效勞呢？」話是這樣說，當初如果一切順利，中途沒有變卦的反激，我的思考絕不會走向開拓新局的道路，而有「我的座右銘」的構想。然則所謂「相反相成」也者，實有至理存焉，周先生還是有造於「我的座右銘」的。

書出版後，一位連長來信，又是致敬、又是致謝的，爲什麼呢？原來軍中有晚點名，點名過後，連長照例須訓話。訓話，一次兩次好辦，長年日久，就是苦差事一椿，苦不堪言。這位連長，因連上有一位兵士，讀了「我的座右銘」，向他建言，每天晚點名的訓話，改由一位弟兄，朗讀一篇座右銘，以代訓話，結果，連長和全連士兵，各得其所，皆大歡喜。連長認爲這是我一手造成的，而使他和弟兄們受益，所以寫信來表示敬意和謝意。

自然，我只有「恭敬不如從命」。凡此種種，皆由時代造成，天之所賜，我怎能貪天之功呢？

八十七年三月二十七日甕齋

副刊的誕生

六十年前，中國報紙始有副刊。這第一個副刊，便是其名不彰的「消閑報」，創於一八九七年十一月二十四日，即光緒二十三年十一月初一日，屬於上海字林滬報。

「消閑報」的可貴處，在它業已「成形」；換言之，它能將前此普遍存在於各地報刊中的副刊文字，集中在一版，用一定的名稱，以新面貌示人，遂取得中國報紙副刊先驅的榮銜。此後經過六十年的演變，運用愈出愈奇，才有今天這樣的副刊，構成中國報紙的特色。

中國初期的報刊，由於其所資以為生、賴以為活的條件，百不具一，則其內容之貧乏，自在意中。所以戈公振說：「最初報紙之形式，無論每月出版，或二日以上，幾一致為書本式，即以大張發行者，亦分頁可以裁訂。至光緒末年，日報尚多如此。蓋當時報紙之內容，新聞少文藝多，直與書籍無異，故報紙常再版出售，而

不聞有明日黃花之識。」（中國報學史）

戈氏所稱的「文藝」，即上文所稱的「副刊文字」。因爲副刊文字乃副刊藉以「成形」的資料，其重要性與關聯性有如母體之與胎兒，這裏有一加說明的必要。所謂「副刊文字」，便是初期報刊上用的文藝性作品或資料，用現代眼光來看，適於用之副刊者。副刊和副刊文字的關係，正如社會版與社會新聞。各報都有社會新聞，但不一定有社會版，而社會版不過是把社會新聞集結在一起，表示對社會新聞特別重視而已。但社會新聞出現在報紙上，必遠在社會版之前，其理亦與副刊文字先於副刊之前若干年相同。因此，我們探討副刊的歷史，對於「史前史」的部分——副刊文字——當然不能輕易放過。要如此，我們才會明白，副刊是淵源有自的。

一、副刊誕生之前的副刊文字

副刊的歷史，迄今不過六十年，而副刊文字的歷史，卻有一百四十二年，與中國現代化報紙的開端同其悠久。中國現代化報紙的始祖，「察世俗每月統記傳」（Chinese Monthly Magazine），一八一五年（嘉慶十二年）創刊於馬六甲，那上面就有副刊文字。「察世俗」雖爲宗教刊物，供傳教之用，但爲了「引起讀者之興味」，內容並不以宗教爲限，其宗旨至以「灌輸知識」爲首，「闡揚宗教」反居其次。關於此點，該刊創辦人米憐（William Milne）曾有說明：

——至本報宗旨，首在灌輸知識，闡揚宗教，砥礪道德，而國家大事之足以喚醒吾人之迷惘，激發吾人之志氣者，亦兼收而並蓄焉。

「兼收並蓄」到什麼程度呢？他說：

——本報篇幅有限，種種資料，自不能網羅無遺；然非割棄或停止也，將循序而為之耳。前此所有論說，多屬宗教道德問題，天文、軼事、傳記、政治各端，採擇蓋寡。此則限於地位，致較預計為少，非本意也。

玩味米憐之言，「其辭若有憾焉」，因為他對於「預計」中的「天文、軼事、傳記」等沒有充分顧到，平均發展，不免有點遺憾。米憐為充實「察世俗」的內容，自忖以十指之烈，不足以語此，所以又公開徵求外稿。他說：

——欲使本報隨時改良，以引起讀者之興味，非竭教士一人半月之時間以從事於斯不為功，且須徵求外來稿件，以補其不足，記者甚願致力於是。」（以上見「察世俗」第二期）

「察世俗」的英文名稱，除上述的Chinese Monthly Magazine之外，又名A Monthly Record of Social Manners，可譯為「民風月刊」。如從這個刊名的含義來看，則其內容範圍，如此廣泛，兼採副刊文字，固其所宜。但我們必須知道：米憐雖為「察世俗」的創始者，但非新聞天才，他創辦「察世俗」是有「成法」可師的。戈公振說：

——蒐集社會發生之事件，以一定時期印行者，自西歷一六一五年起，創於德國之「放府報」（Frankfurter Journal），而踵行於歐美各國。後二百年，基督教新教教士東來，師其成法，於一八一五年發行華文月刊，名「察世俗每月統記傳」者，是爲我國有正式報紙之始。

至此，我們算是找得了一個立足點。現在我們就站在這個起點上，對此後副刊文字一脈相承的史實作一翻考察：

①一八一五年（嘉慶十二年），「察世俗每月統記傳」，創刊於馬六甲，分載宗教、天文、軼事、傳記、政治等。

②一八二三年（道光三年），「特選撮要」（Monthly Magazine），創於巴達維亞，分載宗教、時事、歷史、雜俎等。

③一八三三年（道光十三年），「東西洋每日統記傳」（Eastern and Wertern Monthly Magazine），創刊於廣州，分載宗教、政治、科學、商業、雜俎等。

④一八五四年（咸豐四年），「中外新聞」（Chinese and Foreign Magazine），創刊於寧波，分載新聞、宗教、科學、文學等。

⑤一八五七年（咸豐七年），「六合叢談」（Shanghai Serial）創刊於上海，分載宗教、科學、文學、新聞等。

⑥一八六二年（同治元年），「中外雜誌」（Shanghai Miscellang），創刊於上海，分載新聞、宗教、科學、文學等。

⑦一八六五年（同治四年），「中外新聞七日錄」（Chinese and Foreign Weekly News），創刊於上海，分載新聞、科學、宗教、雜組等。

⑧一八七〇年（同治九年），「循環」（The Cicle）創刊，爲海關之言論機關，專談政治與文學。

⑨一八七二年（同治十一年），申報創刊，公開徵求副刊文字方面的稿件。

⑩一八八七年（光緒十三年），「益文月報」創刊於漢口，分載天文、地理、格物、新機新法、新聞、各省近事、詩詞歌賦、醫學等。

⑪一八九七年（光緒二十三年），字林滬報的「消閒報」，發刊於上海、中國報紙始有正式的副刊。

由此得知：從「察世俗每月統記傳」到「消閒報」，中間有八十二年，足可使副刊文字醞釀成副刊了，何況其間還有申報著實奠下幾塊基石，文學刊物和「小報」也推波助瀾，一同爲副刊開路呢？

二、副刊文字處理的方式

申報創刊後，爲與上海新報競爭，要打開一個局面，又顧慮題材枯窘，得未雨綢繆，遂在「發刊條例」中公開徵稿：「如有騷人韻士，有願以短什長篇惠教者，如天下各名區竹枝詞及長歌紀事之類，概不取值。」

這「徵文條例」發生很大的影響。時當太平天國覆亡之後，大局轉歸歌舞昇平，上海尤其成了繁榮的都市，眞有那些閒手紛以詞章相投，甚至於報紙上登它們不完，申報館特地另行出版『瀛寰瑣記』月刊來做尾閭」。『最近五十年之中國』有一節很確切地寫這情形：『詩詞彼此唱和，喋喋不休，或描寫艷情，或留連景物，互吟風雅，高據詞壇。無量數斗方名士，咸以姓名得綴報尾爲榮，累牘連篇，讀者生厭。」這眞是一個怪現象。（胡道靜：論副刊）

當時竹枝詞之類的作品，既沒有副刊來容納，是怎樣處理的呢？

——當時的報紙是不分欄的，評論和各地的新聞是接著排的。那些竹枝詞、遊仙詩、登高賦之類，大抵次於新聞之後，也有時候插在新聞之間，居然有點混合編制的神氣。不過更有時槍替了評論，那就不成話說了。總之，自從申報出世，報紙裏就多了副刊的內容，但是沒有給它劃定地盤，也沒有給它取名字。

這種的內容是很配士大夫們的胃口的，對於報紙的營業天然有大幫助。所以挺了十一年的上海新報，也出現起某某山人，某某詞客的詩話及竹枝詞了，而且以後新刊的報紙，就非這一套不過門。」（論副刊）

這是一般的情形，我們還得看看專門處理副刊文字的「瀛寰瑣記」月刊，到底是個什麼樣兒。

早年的申報，致力於副業的發展，計分四類：

①編刊月報，如刊行「瀛寰瑣記」是；

②編刊通俗報，如出「民報」，採用白話，專供婦孺工人閱讀是；

③編刊畫報，如創「瀛寰畫報」，載世界時事、風俗、山川圖說是；

④翻印舊書和刊印新書，以鉛製活字排印袖珍本叢書，實開此道之先。

「瀛寰瑣記」屬於申報第一類的副業，在申報創刊後半年就開始了。「因爲各家投寄的詩文佳作頗多，報紙篇幅，不敷登載，因於一八七二年十一月十一日（同治十一年十月十一日）創刊「瀛寰瑣記」，月出一册，四開本二十四頁，用四號活字排印。首載論說，次外國小說譯本，殿以西洋筆記笑林之屬。出至一八七五年一月（同治十三年十二月）止；是年二月（光緒元年正月）又出版「四溟瑣記」月刊，出至一八七六年一月（光緒元年十二月）止；是年二月（光緒二年正月）又出版「寰宇瑣記」月刊，出至一八七七年一月（光緒二年十二月）止。蓋名稱雖三易，而性質均相同，並且是啣接的。但後二種爲六開本。三種的售價都是每本八十文。」（胡道靜：申報六十六年史）

現在，我們還不能直談副刊，因爲在「瀛寰瑣記」與「消閒報」之間，還有「海上奇書」，是一種定期的「繡像小說」，是爲專門刊載文藝作品而發行的刊物。

「海上奇書」第一期的封面上印著：

光緒壬辰（一八九二年）二月朔日，每本定價一角，申報館代售。

第一期　海上奇書三種合編目錄：

太仙漫稿　陶仙妖夢記　自一圖至八圖，此稿未完。

海上花列傳　第一回　趙樸齋鹹瓜街訪舅　洪善卿聚秀堂做媒

第二回　小夥子裝煙空一笑　清倌人喫酒枉相識

臥遊集　霄園主人海市　林嗣環口技

據胡適先生說：「海上奇書共出了十四期，海上花列傳出到第二十八回。先是每月初一、十五，各出一期的；到十期以後，改爲每月初一出一期，直到壬辰（一八九二年）十月朔日以後才停刊。」（海上花列傳序）

又說：「這三種書之中，臥遊集專收前人記方物的小品文字，……太仙漫稿是作者用古文做的短篇小說，其中很多狂怪的見解，可以表現作者的文字天才的一面……」

文藝刊物之外，當時還有「遊戲報」，也是一位小說家手創的，其人爲「官場現形記」的作者李嘉寶（字伯元，別署南亭亭長）。他於一八九七年六月二十四日在上海創辦「游戲報」，乃是中國的第一家小報。據胡道靜先生說，該報「不祇是形式小，內容也小，因爲它不必要刊載國家大事，但是街談巷語，隱私秘聞，卻以揭露爲快；此外兼有詩詞、游戲文、笑林、戲評、燈謎等等，是一種以趣味爲中心的報紙，自有一流落拓文人做它的外衛，漸漸地就站住腳跟了。而且奇聞報、趣報、采風報、世界繁華報、笑林報、寓言報……就日出無窮了。」（論副刊）

關於李嘉寶和他辦的小報，胡適先生在「官場現形記序」裏，也曾提到：「他的眞姓名是李嘉寶，字伯元，江蘇上元人，生於同治六年，少年時，他在時文與詩賦上都做過工夫，他中秀才時，考的是第一名。他曾應過幾次鄉試，終不得中舉人。後來在上海辦指南報，不久就停了；又辦游戲報，是上海「小報」中最早的一種。他後來把游戲報賣了，另辦繁華報。他主辦的游戲報，我不曾見過。我到上海時（一九〇四），還見著繁華報。當時上海已有好幾家小報專記妓女的起居，嫖客的消息，戲館的角色等事。繁華報在那些小報之中，文筆與風趣都算得第一流。」

戈公振先生也說：「與大報附張頡頏者有小報，以其篇幅小故名。其上焉者，亦自有其精彩，未可以其小而忽之也。戊戌以後，笑林報、世界繁華報等，踵時務報等而起，文辭斐茂，為士大夫所樂稱。今則北京之春生紅，上海之晶報等，均銷數甚暢，不讓大報。其優點乃在能紀大報所不紀，能言大報所不言，以流利與滑稽之筆，寫可奇可喜之事，當然易使讀者獲得興趣。惟往往道聽塗說，描寫逾分，即不免誨淫誨盜之譏。若夫攻訐陰私，以尖刻為能，風斯下矣。」

綜合三家的記載，我們為小報可以鈎勒出一個粗線條的輪廓：——

一、小報是以趣味為中心的報紙，其內容大致與日後的副刊相差不遠；

二、小報的作風大膽，無所忌憚，而多流於下流；

三、小報合知識分子的胃口，既有人寫作，又有人閱讀，所以銷路甚暢，足以立定腳跟，與大報頡頏；

四、小報為妓女戲子作起居注，而日後的副刊亦有沿襲之者，致副刊受人歧視，久久不能破除。

三、「消閒報」及其旨趣

我們把小報交代清楚，便離副刊的誕生只差半步了。因為「游戲報」創刊於一八九七年六月二十四日（光緒二十三年三月二十五日），「消閒報」出現於同年十月二十日（光緒二十三年十一月初一日），其間僅隔五個月還不到。勿謂小報與副刊無關，戈著「中國報學史」便是把「附張」（即副刊）與「小報」同列爲一節的，而胡道靜先生更說：「這時候（二十世紀初年）的副刊全然是大報裏的一張小報」，從而可知兩者的關係是如何密切了。

「消閒報」是字林滬報的副刊，字林滬報又是字林西報（North China Daily News）的中文版。惟滬報經營多年，沒有起色，遂於一九〇〇年（光緒二十六年）售與日本人的東亞同文會，由井手三郎接辦，改名「同文滬報」；滬報的「消閒報」亦改名「消閒錄」，繼續出版。

在滬報轉手之前，有高太癡其人者，受聘爲該報華籍編纂。當時上海報界有申、新兩宿將，又有新起的中外日報和蘇報兩健將，高氏自計難與爲敵，便從側面著想，每天出副刊一張，隨報附送，以吸引讀者，於是中國報紙第一個副刊，於焉誕生。

「消閒報」的創刊號中，有一篇「滬報附送消閒報說」，說明其旨趣，其中有云：

——蓋今日者，報紙盛行，體例不一。除滬報等素按西報規條辦理外，自餘有因小見大者，亦有以莊雜諧者，語必新奇，事多幽渺，譬如南華名經，汪洋恣肆，北里作志，倜儻風流，雖與報館規條難期盡合，亦未始不可以資陶冶而寓懲勸，故自並行不悖，遐邇相傳。此固報館之支流，而亦文人之樂事也。惟是飽食暖衣，群居終日，孜孜矻矻，專務於茲，究不免與博議群公齊譏等誚。若滬報則堂皇正大，體例素嚴，自不可以此等游戲筆墨概雜其間。然以吾輩撚線之暇，出其餘緒，館中又復不惜工資，逐日排印，添此消閒報。立意雖不外乎因小見大，以莊雜諧，而別開生面，自成一家。仍隨滬報附送，俾閱報諸君，購一得二，既足以得知中外時事，又可藉以資美談而暢懷抱，似此一變通間，較之附送詩集小說，不尤覺爲大觀乎？區區推廣報務之心，諒亦閱報諸公所欣然許可者。

文中所云，有幾點值得注意：——

一、「消閒報」問世之前，各報發行的「副報」或增刊，如申報的通俗版——「民報」便是，已層見疊出，但那是另外取費的。故「添此消閒報」，有例可援，不足爲奇，奇只奇在它「購一得二」。再就滬報本身言，它在創辦「消閒報」之前的十六、七年間，所附送的詩集和各種小說，已「不知凡幾」，所以能夠做到「館中又復不惜工資，逐日排印」的地步。這或許是他報所不及的主觀條件。

二、「消閒報」出世之後，似乎已經挺立住了。因爲它有「購一得二」的聲勢，在發行上遂佔優勢。這點，由滬報之轉讓，落入日本人之手，正是一個改弦更張的大好機會，而「消閒報」能夠蟬聯下去，可以得到有力的證明；同時，後起的報紙和老牌的報紙，都相繼出版副刊，也無異承認它的成功。

三、滬報是正派報紙，所謂「堂皇正大，體例素嚴」，是「素按西國規條辦理」的，所以，「自不可以此等游戲筆墨概雜其間」。但它畢竟因爲採用「以小見大，以莊雜諧」的辦法，企圖收到「別開生面，自成一家」的效果，於是將軟性文字帶進報紙冷硬的壤土。滬報以大報而兼取小報之長，仍不失其爲大報，其作風實可取法。

四、高太癡創「消閒報」，不是發明，而是變通。但這一變通，有「分教」：國民日日報的副刊——黑暗世界（連橫先生主編），便用來排滿，對於當時革命思想的傳播，有很大影響。五四前後的三大副刊——北平晨報的「副刊」，上海時事新報的「學燈」，民國日報的「覺悟」，對於學術、思想、文化、文學，都有特殊的貢獻。它們在文學運動中，最先採用白話，也最先採用標點符號，而成爲報紙其他各版的先驅，促進報紙的通俗化。飲水思源，不能不歸功於高太癡作了一個好的開端，所以胡道靜先生尊之爲「成形的副刊」的祖師。

此外，我們還要知道，在十九世紀末葉，中國適於用之副刊的文體，皆已具備，且其演變的軌跡，很顯然地，已由古事觸及時事，鬼事變爲人事，所以中法之戰，中日之戰發生時，文人以時事爲題材而形諸筆墨，刊諸報端者，實不在少數。論其體製，則有詩歌、小說、散文、戲劇。這樣，副刊便如一口水井，內有活泉，滔滔汩汩，才不虞枯竭，而文學刊物，如「新小說」、「繡像小說」和小報亦有出版，而且繼續出版的可能。

另一方面，像副刊這樣的刊行方式，天天見報，即所謂「逐日排印」，對文藝作品來說，是提供了一種最爲便捷的出版方式，和最爲頻數的出版機會，而促進文藝作品的產生。楊壽清先生在「中國出版界簡史」裏說：「出版事業與文化產品有相輔相成的關係：因文化產品日衆，於是促成出版事業的興起；而出版事業的發達，復促致文化產品的旺盛。」這是研究報業發展時應該牢記在心的，現在所談已多，只有存而不論了。

四十六年三月十二日中央日報創刊二十八週年遷台出版八週年紀念特刊

副刊的成立

「副刊」，今爲通名，泛指報紙上綜合性、文藝性、趣味性的專頁，以別於增刊、特刊、專刊等；然最初用時，似爲專名。孫伏園說：「現在民國日報的『覺悟』，時事新報的『學燈』，北京晨報的『副刊』和將來的本刊（按指北平「京報副刊」），大抵是兼收並蓄的。」他把「副刊」和「覺悟」、「學燈」對舉，自然是作專名用的。

以專名爲通名，報業史不乏其例。關於申報，「清稗類鈔」有幾句話說：「是報爲吾國之首創者，至於今滬市賣報人於所賣各報，必大聲呼曰：『賣申報！』是『申報』二字在滬已成爲新聞紙之普通名詞，即爲一證。

在「副刊」作專名使用期間，甚至在這二字未創用以前，泛指各報副刊的通名，便是「附張」。「附張」流傳得很廣，也流傳得很久，是兩個有勢力的字。我說「很廣」，因爲我讀到的著述，無論長篇短篇，我知道的作者，無論南人北人，都在使用此二字；我說「很久」，因爲從開始起，無論民國十三年的「理想中的日報附張」，十六年的「中國報學史」，二十年的「上海報紙改革論」，二十九年的「中國近代之報業」，三十六年的「報學雜誌」，一直都有這二字的存在。不過是到了後來，「附張」與「副刊」有平分秋色之勢，情形有改變罷了。或許就在這段期間，「副刊」後來居上，漸取「附張」而代之，遂漸由專名轉爲通名，而「副刊」應有之義也就逐漸確定了。

顯然，「附張」是對「正張」而爲言的。報紙上的副刊文字，經過特別的處理，宣告「獨立」之後，總是安頓在末尾一、二版，或者附出半張。報紙爲刊載新聞而發行，新聞各版既爲「正張」，副刊自然是「附張」了。所以，「附張」因其在報中所處地位而得名，只爲了稱呼方便，原無多大意義。但是，報紙上出現了正式的副刊以後，極受讀者歡迎，踵行者風起雲湧，副刊的內容日豐，編排日新，性質亦日趨於凝固，含義乃見明確。且在附張之中，副刊是「逐日排印」的居多，久而久之，「附張」就成了「副刊」的替身了。雖是如此，若比較言之，則「副刊」二字更能表現副刊的內容與形式，精神與性質；「附張」則範圍較爲概括，只顧到版次，意義復失之儱侗，僅顧到表面，何去何從，極易決定。但「附張」因襲既久，依舊有人沿用，其情形和「新聞紙」之與「報紙」並稱相同，殊不必計較。

「附張」之外，更有所謂「附刊」者，間亦和「副刊」混用，而其命意所在，迥不相侔。光緒三十三年十二月頒布的「大清報律」，第三十九條：「凡報中附刊之作，他日足以成書者，得享有版權之保護。」這裏所稱的「附刊」，指的是在報上連續發表的著作，直接有關版權，當然和我們談的副刊是兩回事。戈公振說：「光緒二年，以申報文字高深，非婦孺工人所能盡讀，乃附刊『民報』……光緒十年，又附刊『畫報』……」文中兩見的「附刊」，都是「附帶出版的刊物」之意，所以戈氏結語說：「此為我國日報有增刊之始。」「增刊」和「副刊」也是渺不相涉的。不過他在談民國十六年以前北平各報副刊時，曾說：「以言副刊之精采，舉國無其匹也」，就是將「附刊」和「副刊」混用。這種用法比較少見，我們知道有這回事就行了。

從光緒二十三年中國報紙有第一個副刊——字林滬報的「消閑報」算起，一直到民國十年北平晨報的「副刊」創始，前後二十四年，跨著兩個世紀，正是副刊的黃金時代。這段期間，副刊曾用之於報業競爭，致力革命宣傳，參加新文化運動，都是值得大書特書的。

繼「消閑報」創刊的「時報」，獨能最先注意到文學，有「文學」等週刊；老牌報紙如申報，直到一九一一年八月二十四日才有「自由談」，新聞報直到一九一四年八月十六日才有「快活林」（原名「莊諧叢錄」），其遲鈍若此，所以胡適說它們：「那時的幾個大報，大都乾燥枯寂的，他們至多不過能做做一兩篇合於古文義法的長篇論說罷了」（「十七年的回顧」）。此後時事新報有「學燈」（創刊於五四以前），民國日報有「覺悟」（創刊於民國八年），都是上海著名的副刊，對中國的文化文學有過很多很大的貢獻。

試看這些副刊，都是各立名目，所以戈公振說：「副刊之名稱，各報不同，其取材亦異，如北方重文藝，南方偏於滑稽，是乃一地之風氣使然耳」。只有北平晨報的「副刊」例外，逕以報名為刊名，而加「副刊」二字，以資區分。後來各報的副刊，刊名與報名合一，或即導源於此。

我認為「副刊」二字是孫伏園創用的，因為「晨報副刊」在民國十年十月十二日「宣告獨立」以前，其第七版專載小說、詩歌、小品及學術演講錄等，就是由他主編；延至民國十三年，為了魯迅一首詩——「我的失戀」，鬧到他離開晨報，「晨報副刊」遂於民國十四年十月一日第一二八三號起，由徐志摩主編。孫伏園離開晨報，即受邵飄萍之聘，到京報主編該報的副刊，於是北平又有「京報副刊」出現。孫伏園似乎很愛惜他「副刊」這塊招牌，所以他人到京報，招牌也陪嫁過去了。後來民國十六年，他參加武漢的中央日報，又主編「中央副刊」。由刊名看來，仍是率由舊章，作風未嘗稍變，可見「副刊」二字和孫伏園很有些瓜葛。

以下，轉述晨報副刊「宣告獨立」的經過，當有助於我們對於副刊的了解。

民國十年十月十二日之前不久，晨報第六版「專欄啓事」內，登出「晨報副鐫出刊啓事」，原文如下：

我們報告你一件可以高興的事，本報從十月十二日起，第七版要宣告獨立了。我們看著本報銷路逐日增加，知道海內外和本報表同情的人已不少；但是我們對社會貢獻，斷不敢以這千數萬數人的供給爲滿足。本報的篇幅原是兩大張，現在因爲論說、新聞、海內外通訊、各種調查、各種事件以及各種廣告，很形擁擠，幾於要全佔兩大張的篇幅；而七版關於學術文藝的譯著，不但讀者不許刪節，而且常有要求增加的表示。所以現在決定於原有的兩大張之外，每日加出半張，作爲「晨報附刊」。原來第七版的材料，都劃歸副刊，另成篇幅，並且改爲橫幅，以便摺釘成冊。於副刊之內，又把星期日的半張特別編輯，專取有趣味可以導娛樂又可以饜智慾的材料，以供各界君子休假腦筋的滋養。至原有兩大張的內容，不但論說、新聞、通訊、調查……添了數量，而且組織也更加完美，准比從前越覺爽心醒目。

十月十二日快到了，愛讀本報諸君等著看罷。

由這則啓事裏，我們得到一些啓示。晨報副刊未獨立之前，第七版專門處理學術文藝的作品，可以說是一個專頁。後因頗受歡迎，即所謂：「七版關於學術文藝的譯著，不但讀者不許刪節，而且常有要求增加的表示。」同是，因種種材料的擁擠，才「每日加出半張」，以爲尾閭，而「晨報副刊」於焉獨立。

這每日加出的半張，篇幅共爲兩版，較前增加一倍。除了容納原來第七版的材料之外，自然還需別闢稿源，所以要「又把星期日的半張特別編輯，專取有趣味可以導娛樂又可以饜智慾的材料，以供各界君子休假腦筋的滋養。」可見獨立後的「晨報副刊」，不僅疆宇大拓，且藉此機會，致力版面的革新，所謂「改成橫幅，以便裝釘成册」。不過，「裝釘成册」並非晨報的新猷，因爲我國初期的報紙雜誌，都是「書本式」，不離「日製一編，月成一册」的做法，而同時期的「覺悟」、「學燈」、「京報副刊」，也都是一個月裝釘成一册發售。副刊而出合訂本，固不失爲良法美意，然亦風氣使然。

更難得的一點，便是「晨報副刊」於「饜智慾」之外，又能兼顧到「導娛樂」，將趣味性有意識地帶入副刊，使日後的副刊多了一種極重要的素質。「晨報副刊」這樣做，亦有時代環境爲背景。因爲民國十年左右，我國都市裏，「音樂會與跳舞會不多有」，「戲園與游戲場」又「喧囂齷齪特甚」，所以「當此社會設備不完美之時，凡有文字知識者，捨讀日報附張以調節腦筋外，幾別無娛樂之可言。」戈公振這段話，和「以供各界君子休假腦筋的滋養」，兩相對照，若合符節。

「晨報副刊」既食時地之賜，又享人文之利。戈公振說：「京都爲人文淵藪，其中有思想高超，研究深密，發爲文章，投諸報紙者，雖片語隻字，都覺可觀。以言附刊之精采，舉國無其匹也。」可見該刊與「覺悟」、「學燈」並峙，成爲當時著名的副刊之一，決非偶然。且其時適值五四運動之後，正是中國文化新舊交迭，中西匯流的重大時會，則「晨報副刊」，無論在中國報業史上或中國文化史上，都要佔一席地，那是無須再說的。

現在我們再回頭來看啓事中的「副刊」二字。啓事的題目作「副鐫」，而文中作「附刊」。依情理推測，前者大約比較正式，作專名用，後者則顧到該刊的地位。它雖然「宣告獨立」，採用特殊的版面，以別於正張，而每日加出的半張，又另外編號，另外分頁（晨報分「版」，副刊分「頁」），但它畢竟是晨報的附庸，所以它也安於做「附刊」。晨報的這則啓事，用名詞不統一，還可以說新名詞和舊名詞混用，在起初實難完全避免。但這種混亂情形，到了徐志摩手上，依然未改。試看徐志摩編的第一期（即第一二八三號），刊頭作「晨報副刊」，行書直寫，刊眉作「晨報副鐫」，隸書橫排。這大約是從前孫伏園手上鑄的「標準體」，我記得看見過影印的「晨報副刊」，刊頭也是作「晨報副鐫」，隸書，也許這纔是它的正式名稱罷？

——報學四十六年六月

副刊與小說

——國人讀小說的風氣

一

副刊以文學為本質，文學以小說為主流，所以副刊與小說之間，必有相當密切的關聯性。若將中國報業史和中國文學史比較觀察，則因副刊與文學的血緣親近，相形之下，副刊與報紙的關係，反顯得疏遠。因為就報紙說來，副刊只提供了一種發表文學作品的形式，報紙有之，固然開闢了一個方面，增添了一些內容，可以幫同報紙吸引更多的讀者；但就報紙之所以為報紙而言，報紙沒有副刊，仍不失為報紙。這是無論就理論說或就事實觀察，都確乎是如此的，我們大可不必為了討論副刊而歪曲理論或抹煞事實。

中國文學與中國報業，原是兩回事，最初，彼此各不相干，形成雙軌的發展；

迨至十九世紀末葉，文學刊物、「小報」和「消閒報」相繼出現，各以出版的新形式容納文學作品，遂使此雙軌合轍，而中國文學史脈搏的跳動與中國報業的發展相連，那相連的部分便是副刊。中國報紙的副刊，有整部的中國文學史爲其背境，則文學的作者轉變而爲副刊的作者，副刊的稿源即有來處；文學的讀者轉變而爲副刊的讀者，副刊的作品即有去處。中國文學史有如一條源遠流長的地下水，凡是掘井的人，都能汲到活泉，且其憑藉遠較報紙爲厚。明乎此，中國報紙的第一個副刊——消閒報，於一八九七年脫穎而出，便能立定腳跟，乃因字林滬報的高太痴、周品珊等，將「小報」搬上大報，正迎接上文學的主流之故，其情形正與他種新形式相同。同是挖掘這條伏流，韓子雲得之而成「海上奇書」，李嘉寶得之而成「指南報」、「游戲報」，梁啓超得之而成「新小說」，李伯元得之而成「繡像小說」，吳趼人得之而成「月月小說」，曾孟樸得之而成「小說林」。它們異流而同源，是以名稱雖異，本質無殊。

副刊於十九世紀末葉誕生，迄於二十世紀初年，僅爲刊載文學作品諸種新形式之一，且在這幾種新形式之中，它比較晚出，更不得謂爲創新。但副刊擅「逐日排印」之利，爲其他各種新形式所望塵莫及，故能獨著先鞭，昂首奮進，收「後人發，先人至」的奇效。雖則它在初年，「全然是大報裏一張小報」（胡道靜：「新聞史上的新時代」），而隨時代以俱進，能夠採納同性質的諸形式之長，與報業之進步而日新其內容，發展而成中國報紙的一大特色。馴至五四前後，副刊竟立在文化運動的尖端，以報紙的附庸而問鼎中原，事事走在報紙前面，爲報業開路，對中國文化作出幾許貢獻，說來也夠奇了。

這裏，還須點明一個事實——十九世紀末葉，爲刊載文學作品而創造那幾種新形式的幾位人物，都是文學家，都各有好幾本小說行世。他們創造這些出版的新形式，是否爲自己的作品找出路呢？我想，是的。例如，韓子雲的「海上奇書」第一期裏，分三個部分：㈠「太仙漫稿」，㈡「海上花列傳」，㈢「臥遊集」。除「臥遊集」是專集前人紀遠方風物的小品文字而外，其餘「太仙漫稿」和「海上花列傳」，都是韓子雲本人的作品。這並非他存心一手包辦，而是事實上不得不然。我們知道，那時風氣未開，像投稿這類行業，尚未成立，連當時在報館主筆政者，也「常須述稗語野史以補白」（戈公振：中國報學史），何況以文學作品爲主要內容的刊物？

又如梁啓超，他辦時務報、新民叢報，皆以政論震世；但他辦「新小說」，也必須親手寫小說——「新中國未來記」，翻譯小說——「十五小豪傑」等。總之，辦刊物而沒有外稿，或缺乏外稿，做編者的，如果自家沒有看家本領，在那時是行不通的。所以，當時的編者，同時也必須是作者。他們一方面辦刊物，一方面寫小說，遂把中國報業和中國文學結合起來，打開了副刊多方運用的機運。

二

文學的範圍太廣，今僅揀其中之一——小說，來和副刊相提並論，或許比較切實些。實則小說的範圍，若照古人的解釋，也是廣泛得叫人咋舌的：殷藝以筆記爲小說，唐人以傳奇爲小說，宋人以話本爲小說，後代並稱長篇章回爲章回小說；而且小說的觀念，仍本古代「小家珍說」之意。原來所謂「小說」，本與「大道」對稱；「大道」既是修齊治平的一貫大道，「小說」當然是木頭竹屑，無足重輕的東西。所以古之所謂「小說」，直是泛指一切不登大雅之堂的論調或作品而已。

小說在上述的含義下，一向遭受我國文人的貶抑，實無足怪。班固說：「諸子十家，其可觀者，九家而已」，就是明目張膽排斥小說的，雖然他在漢書藝文志裏將「小說家」也列在「十家」之末。這種貶抑小說的態度，一直到清末還是根深柢固，只是那力量在時代潮流之前已顯得軟弱無力了。但是，老子說得好：「禍兮福所倚，福兮禍所伏」，小說又何幸而有此一貶！班固等貶小說，把它貶到民間來了。小說到了民間，呼吸得以自由，眞是如魚得水，生機暢茂。它之能夠充分發展，未始非此一貶的結果。

然而，小說雖受歧視，從未衰息，歷代都有著述，其範圍日拓，其內容日豐，其影響於人心者亦日大。降至明代，胡應麟因「小說繁夥，派別滋多」，所以他「綜核大凡，分爲六類」：

一曰志怪：搜神、述異、宣室、酉陽之類是也；

二曰傳奇：飛燕、太眞、崔鶯、霍玉之類是也；

三曰雜錄：世說、語林、瑣言、因話之類是也；

四曰叢談：容齋、夢溪、東谷、道山之類是也；

五曰辯訂：鼠璞、雞肋、資暇、辯疑之類是也；

六曰咸規：家訓、世範、勸善、省心之類是也。

——少室山房筆叢

他連顏之推的「家訓」，劉義慶的「世說」，都算做小說。如用今天的眼光看胡應麟所稱的小說，都正好作副刊的材料。那就是說，倘若明末新出的「京報」（見報學雜誌一卷四期，董卓明：京報起源於明季）願意出副刊的話，即不必爲內容愁苦，何況副刊的誕生更在兩三百年之後呢？

不僅明代爲然，即宋代亦然。宋代的小說已上下風行了。宋代小說，看重「講演」，即王國維說的，「宋之小說，不以著述爲事，而以講演爲事。」（宋元戲曲史）。推源宋代小說發達之故，有兩個原因：

一、上面有愛聽故事的皇帝　郎瑛「七修類編」說：「小說起於宋仁宗時，蓋太平盛久，國家閒暇，日欲進一奇怪之事以娛之，故小說『得勝頭迴』之後，即云『話說趙宋某年』。」

二、下面有愛聽故事的民衆　「東坡志林」說：「王彭嘗云：塗巷中小兒薄劣，爲其家所厭苦，輒與錢，令聚坐聽說古話。至說三國事，聞劉玄德敗，頻蹙額，有出涕者；聞曹操敗，即喜唱快。」

宋因皇帝愛好小說，產生了一部巨著——「太平廣記」，計五百篇，將漢代直到宋初的小說都搜集起來，札錄成書。原書有許多亡佚了，全靠它保留下來。同時，宋代民間平話流行，文學走上口頭文學之路，因而促使文學的通俗化、大衆化。這種聽小說、讀小說的風氣，一經養成，從此瀰漫全國，未見衰息。再者，宋代的「京本通俗小說」，因便於「講演」，是用語體文寫成的，又開了用語體寫小說的風氣，而水滸、三國，跟蹤直上，成爲流傳極廣的小說。

至此，試一看我國幾部著名小說流傳的情形：

一、三國演義　「三國演義可以通之婦孺，今天下無不知有關忠義者，演義之功也」（王侃：江州筆談）。我們知道，三國，明代有內府刻版，它已成皇帝必讀之書，與四書、五經、通鑑等同列。可見其風靡全國上下的魔力。

二、水滸傳　「今世人耽嗜水滸傳，至縉紳文士亦間有好之者」（胡應麟：少室山房筆叢）。胡適更說：「水滸傳在明晚年已成了文人共同欣賞讚嘆的一部文學作品」（百二十回忠義水滸傳序）。

三、西遊記　「是書明季大行，里巷細人皆樂道之」（阮葵生：茶餘客話）。

凡此引述，皆足爲前文印證。而上述三書，分析言之，則三國受普遍歡迎，上下皆通；水滸則受中下兩層的愛好；西遊卻獨得「里巷細人」的青睞。其共同點，便是它們流傳甚廣，連滿洲人也愛讀三國。事甚趣，且聽我逐項道來。

三

孟森說，滿洲人「爲善接受他人知識之靈敏種類」（清史講義），他們入關之前，已讀三國。據「嘯名筆記」：「本朝羈縻蒙古，實是利用三國志一書。當世祖之未入關也，先征服內蒙諸部，因與諸汗約爲兄弟，引三國志桃園結誼事爲例，滿洲自仞爲劉備，而以蒙古爲關羽。」他們把三國故事搬上政治舞台，在我們看來，實在是一幕滑稽的戲中戲，而他們當時假戲眞做，滿洲人發動，蒙古人接受，必須基於共同的了解，那麼，蒙古人該也讀過三國，熟悉桃園結義的故事吧？

及入關之後，三國更爲風行。據「癸巳存稿」：「順治七年正月，頒行清字三國演義。」三國演義爲翻譯成滿文的第一部小說，八旗子弟差不多沒有不讀的。他們讀三國演義，鬧過不少笑話，今試舉一二：

「雍正間，札少宗伯因保舉人才，引孔明不識馬謖事，憲皇怒不可當，以小說入奏，責四十，令枷示焉。」

乾隆初，某侍衛擢荆州將軍，人賀之輒痛哭。怪問其故，將軍曰：「此地關瑪法尚守不住，今遣老夫，是欲殺老夫也！」聞者掩口。……瑪法，國語呼祖之稱。」（皆見姚元：竹葉亭雜記）。

他們眞是三國的眞實讀者，因崇拜關羽之爲人，而稱之爲瑪法（滿語：瑪法，公也），奉之爲武聖，捧他進武廟，與岳飛同享祭祀。他們的言語行動都受三國的支配，則其浸潤於小說的氣氛下，感染之深，有出乎我們想象力之外者，而旗人曹雪芹（正白旗漢軍），寫成震古鑠今的紅樓夢（乾隆二十八年成八十回），文康（鑲紅旗人）寫成膾炙人口的兒女英雄傳（定稿於道光中），該非無因吧？

同時，我們要看看滿洲人的另一副面孔。

滿人對漢人的民族思想，防範特嚴，所以屢興文字獄，迭頒禁書令。禁書始於順治九年，所「通行禁止」的是「瑣語淫詞」；康熙四十八年和五十三年，對於「小說淫詞」，也兩度開刀。降及乾隆，「他一面開四庫全書館，一面頒布禁書令，凡明末清初有關滿漢民族消長的著述，皆稱爲『逆書』，一律銷毀；由乾隆三十九年至四十六年，銷毀所謂『逆書』凡二十四次，被銷毀之書達五百三十八種，共一萬三千八百六十二部；猶恐未能禁絕，到五十三年尚嚴諭陸續搜禁。」（李劍農：中國近百年政治史）。

但是，清廷雖有嚴刑峻法隨於「不經小說」之後，歷次的禁書令，並沒有收到預期的效果。即令像乾隆那樣多方羅織，也不能撲滅社會上喜讀小說的風氣。試看乾隆元年的情形：「淫詞穢說，疊架盈箱，列肆租賃」（癸巳存稿），是一種多麼難得的景象！再往下看，同治七年，江蘇巡撫丁日昌，也湊熱鬧，又「嚴禁坊間瑣語淫詞，毋許刊刻版售」。丁日昌在他的皇皇札文中振振其詞說：「照得淫詞小說，最易壞人心術，乃近來書賈射利，往往鏤版流傳，揚波扇燄，水滸西廂等書，幾於家置一編，人懷一篋。……」又是一種多麼難得的景象！我們由一七三六年的「疊架盈箱，列肆租賃」，到一八六九年的「家置一編，人懷一篋」，可以看出「淫詞小詞」，在這一百二十三年間是如何風靡！社會上既有「淫詞小說」的讀者群，也就難怪書賈要射利，而鏤版流傳，揚波扇燄，以助長其威勢了。

丁日昌所羅列的禁書目錄，計有一百五十三種，其中如「燈草和尙」、「如意君傳」、「濃情快史」、「株林野史」、「肉蒲團」等，都是嘉慶十五年（一八〇一），御史伯依保奏請禁止過的，這番又勞丁日昌重申禁令，可見這幾部書，由一八〇一年至一八六九年的六十八年間，仍然在社會上流傳，禁令不曾貫徹到底。因此，可以說在滿清政府的統治之下，中國人喜讀小說的風氣一直是很濃厚的，所給予副刊的便利也是很大的。

關於禁書，我們不能說滿清政府及其官吏完全不對，因爲「淫詞穢說」確實「最易壞人心術」，理當禁止。但他們把「小說」和「淫詞穢說」混爲一談，以致水滸、西廂、今古奇觀、子不語等，不分青紅皀白，概在禁止之列，那就禁非所當禁了，怪不得「譚瀛室筆記」批評丁日昌說：「按以上各書，羅列不可謂不廣，然其中頗有並非淫穢者。且少年子弟，雖嗜閱淫艷小說，奈未知其名，亦無從徧覽；今列舉如此詳備，儘可按圖而索，是不翅示讀者以提要焉，夫亦未免多此一舉矣。」

皇帝老兒所禁止不了的書，丁日昌自然是徒勞，所以後來梁啓超對誨盜誨淫的作者，又提出忠告。他說：

「環觀今之所謂小說文學者何如？……其什九則誨盜誨淫而已，或則尖酸輕薄毫無取義之游戲文也。……近十年來，社會風習，一落千丈，何一非所謂新小說者爲之階?循此橫流,更閱數年,中國殆不陸沉焉不止也。」(告小說家)後面他還說一些因果報應的話:「公等若猶是好作爲妖言以迎合社會,直接旣陷全國青年子弟使墮無間地獄,而間接戕賊吾國性使萬劫不復,則天地無私,其必將有以報公等,不報諸其身,必報諸其子孫;不報諸今世,必報諸來世!」語近咒罵,可見他痛恨極了。

在同文中,梁啓超對於當時小說的出版和閱讀情形,也有一段描寫:

「所謂小說文學者,亦旣蔚爲大國,自餘凡百述作之業,殆爲所侵蝕以盡。試一流覽書肆,其出版物,除教科書外,什九皆小說也;手報紙而讀之,除蕪雜猥屑之記事外,皆小說及游戲文也。舉國士大夫不悅學之結果,三傳束閣,論語當薪,歐美新學,僅淺嘗焉而爲口舌之具;其偶有執卷,舍小說外殆無良伴。故今日小說之勢力,視十年前增加倍蓰什百,此事實之無能爲諱者也。」

四

中國小說,儘管極得「民心」,而因受文人的貶抑,政府的禁阻,構成了兩大障礙,不得作正常發展。這兩大障礙的形成,一言以蔽之,乃由於對小說的認識不夠。所幸中國小說在發展中途,因名著傑作相繼出世,以事實表明了小說的價值,顯示了小說的力量，文人的觀念乃得稍稍改變。更兼金聖嘆等，批評小說，從正面推崇小說，才來搖撼這種障礙的基石。

金聖嘆標舉才子書，所作水滸、三國、西廂等書評本，能夠「領異標新，迥出意表，頗爲世所傳誦」，對小說的貢獻殊大。胡適先生說他：「聖嘆的辯才是無敵的，他的筆鋒是最能動人的。他在當日有才子之名。他的被殺又是當日震動全國的一件大慘案。他死後名譽更大，在小說批評界，他的權威直推翻了王世貞、李贄、鍾惺等等有名的批評家」（百二十回忠義水滸傳序）。

其次，以經學大師而欣賞小說的，有愈曲園先生。他曾爲「三俠五義」作序。此書成於一八七一年以前，六年後始出版，十年後才經他改訂，並改撰第一回，易書名爲「七俠五義」。他很熱烈地贊賞此書，他說：「及閱至終篇，見其事蹟新奇，筆意酣恣，描寫既細入毫芒，點染又曲中筋節，正如柳麻子說「武松打店」，初到店中無人，驀地一吼，店中空缸空甏皆瓮瓮有聲；閒中著色，精神百倍。如此筆墨方許作平話小說，如此平話小說方算得天地間另是一種筆墨！」

小說而受經師的賞贊，世人當會換一副眼光來看待小說，那是不用說的。然而兪曲園之欣賞小說，和金聖嘆之批評小說，正復相同。他們的欣賞和批評，可以說，只是就已成的小說挑出幾部來欣賞，來批評，並沒有積極地提倡小說。當然，他們這樣作，已屬難能可貴，對於小說的創作與閱讀，也是一種鼓舞力。但這種鼓舞力是間接的，充其極，小說界亦不過引金、俞二人爲知己而已。

由欣賞小說到提倡小說，我們要特別提到梁啓超。梁氏對於小說有極其正確，極其深刻的認識，故發爲言論，可以一新世人的耳目。他認爲小說與政治有關係，所以他在「論小說與群治之關係」中，開首就說：

「欲新一國之民，不可不先新一國之小說，故欲新道德，必新小說；欲新宗教，必新小說；欲新政治，必新小說；欲新風俗，必新小說；欲新學藝，必新小說；乃至欲新人心欲新人格，必新小說。何以故？小說有不可思議之力支配人道故。」

他認爲中國人的「思想業識」，大半是從小說中來，所以他在「告小說家」中說：

「小說家者流，自昔未嘗爲重於國也。漢志論之曰：小道可觀，致遠恐泥。揚子雲有言：雕蟲小技，壯夫不爲。凡文皆小技也，矧於文之支與流裔如小說者？然自元明以降，小說勢力入人之深，漸爲識者所認識。蓋全國大多數人之思想業識，強半出自小說。言英雄則三國、水滸、說唐、征西，言哲理則封神、西遊，言情則紅樓、西廂，自餘無量數之長章短軼，樊然雜陳，而各皆分占勢力之一部分。此種勢力，蟠結人之腦海中，而因發爲言論行爲，雖具有過人之智慧，過人之才力者，欲其思想盡脫離小說之束縛，殆爲絕對不可能之事。」

他提出一個問題：「人類之普通性，何以嗜他書不如其嗜小說？」經他「冥思之，窮鞫之」的結果，認爲原因有二：

「凡人之性，常非能以現境界而自滿足者也；而此蠢蠢軀殼，其所能觸能受之境界，又頑狹短局而至有限也，故常欲於其直接以觸以受之外，而間接有所觸有所受，所謂身外之身，世界外之世界也。此等識想，不獨利根衆生有之，即鈍根衆生亦有焉，而導其根器使日趨於鈍、日趨於利者，其力量莫大於小說。小說者，常導人遊於他境界，而變換其常觸常受之空氣者也：此其一。

「人之恒情，於其所懷抱之想像，所經閱之境界，往往有行之不知，習焉不察者，無論爲哀爲樂，爲怨爲怒，爲戀爲駭，爲憂爲慚，常若知其然而不知其所以然，欲摹其情狀，而心不能自喩，口不能自宣，筆不能自傳，有人焉和盤托出，徹底而發露之，則拍案叫絕曰：善哉善哉，如是如是！所謂『夫子言之，於我心有戚戚焉』，感人之深，莫此爲甚：此其二。

「此二者實文章之眞諦，筆舌之能事，首能批此窾，導此竅，則無論爲何等之文，皆足以移人，而諸文之中能極其妙而神其器者，莫小說若，故曰小說爲文學之最上乘也。」

他更分析小說，具有薰、浸、刺、提等四種力量，足以「支配人道」：

「一曰薰：薰也者，如入雲煙中而為其所烘，如近墨朱而為其所染。……人之讀一小說也，不知不覺之間，而眼識為之迷漾，而腦筋為之搖颺，而神經為之營注。今日變一二焉，剎那剎那，相斷相續，久之而此小說之境界，遂入靈台而據之，成為一特別之原質之種子。

「二曰浸：浸也者，入而與之俱化者也。人之讀一小說也，往往既終卷後數日或數旬而終不能釋然。讀紅樓夢竟者，必有餘戀有餘悲，讀水滸竟者，必有餘快有餘怒。何也？浸之力使然也。

「三曰刺：刺也者，刺激之義也。……刺也者，能入一剎那頃，忽起異感而不能自制者也。我本靄然和也，乃讀林冲雪天三限，武松飛雲浦厄，何以忽然髮指？我本愉然樂也，乃讀晴雯出大觀園，黛玉死瀟湘館，何以忽然流淚？我本肅然莊也，乃讀實甫之琴心酬簡，東塘之眠香訪琴，何以忽然心動？若是者，皆所謂刺激者也。

「四曰提：前三者之力，自外而灌之使入，提之力自內而脫之使出，實佛法之最上乘也。凡讀小說者，必常若自化其身焉，入於書中，而為其書之主人翁。讀野叟曝言者必自擬文素臣；讀石頭記者，必自擬賈寶玉；讀花月痕者，必白擬韓荷生韋痴珠；讀梁山泊者，必自擬黑旋風花和尚。雖讀者自辯其無是心焉，吾不信也。

對於小說，梁啓超既有這種獨到的見解，在他所辦的刊物裡面，「新小說報」不消說，就連「清議報」和「新民叢報」，小說和文學作品也佔相當重要的分量，可見他很能貫徹他自己的主張。戊戌政變，他乘大島兵艦東渡，在日本兩個月就辦了「清議報」（旬刊）。他說：「……有政治小說，佳人奇遇，經國美談等，以稗官之異才，寫政界之大勢，美人芳草，別有會心，鐵血舌壇，幾多健者。一讀擊節，每移我情，千金國門，誰無同好？若夫雕蟲小技，餘事詩人，則卷末所錄諸章，類皆以詩界革命之神魂，爲斯道別闢新土。凡茲諸端，皆我清議報之有以特異於群報者」（清議報一百册祝辭，並論報館之責任及本館之經過）。於此看來，以「清議」爲主的「清議報」，在小說和文學作品方面，確是「有以特異於群報者」的。

後來他在辛丑（一九〇一年）冬天，創辦「新民叢報」（半月刊），翌年秋間，又創「新小說」。前者是「稍從灌輸常識入手」，後者卻是「專欲鼓吹革命」。「新小說」登載時人的作品，如吳趼人（我佛山人）的「痛史」、「二十年目睹之怪現狀」、「九命奇冤」，以及曼殊大師諸人的翻譯等，都是在那上面發表的。梁氏本人也有所作，如「新中國未來記」、「世界末日記」、「十五小豪傑」（後二種爲翻譯）等；又有傳奇數種，如「劫灰夢傳奇」、「新羅馬傳奇」、「俠情記傳奇」，雖皆未成，卻傳誦一時。

知識階級對於小說的社會功用和文學價值，作一翻新認識新評價的，除梁氏「論小說與群治之關係」外，還有「松岑的「論寫情小說與新社會之關係」，夏穗卿的「小說原理」等；而王國維的「紅樓夢評論」，更是用最嚴肅的態度，從文學批評的原理上，給小說以最高的價值；同時用悲劇美來分析紅樓夢的內容，承認這部小說為中國文學的傑作。這樣一來，世人就改用一副眼光來看小說，小說從此得到了它應得的地位，也就大大發展起來。

清末最後二十年的小說，據「涵芬樓新書分類目錄」收錄的作品，翻譯與創作，共計有五百多種，實際更不止此數，造成中國文學史上小說最繁榮的時期。據阿英「晚清小說史」的分析，其所以致此之由，原因有三個：

「第一，因為印刷事業的發達，沒有從前那種刻書的困難；由於新聞事業的發達，在應用上需要多量的生產。」

「第二，是當時的知識份子受了西洋文化的影響，從社會的意義上，認識了小說的重要性。」

「第三，是清朝屢挫於外敵，政治又極窳敗，大家知道國事不足有為，寫作小說，以事抨擊，並提倡維新與愛國。」

五

關於小說，上面所談已多，倘如所談與副刊或報紙沒有關係，全屬廢話。我們的著眼點是：在小說氣氛籠罩下，報紙究竟受了什麼影響？它們之間是在怎樣的情況下結合的？

一、清末的報紙，因通訊設備不夠，內容貧乏，而文學作品既是現成的東西，又無待乎傳遞，所以當時的報紙，有「新聞少而文藝多」的現象。

一八八五年中法戰爭時，申報和字林滬報的內容是這個面貌：「再看幾段軍報，總沒有什麼確實消息。只因報上各條新聞，總脫不了『傳聞』、『或謂』、『據說』、『確否容再探錄』等字樣。就是看了他，也猶如聽了一句謠言一般」（二十年目睹之怪現狀，第八回），所以書裏那位讀者，「看到後幅，卻刊上許多詞章」，視線便由新聞滑到副刊文字上去了。這段記述，和梁啓超說的，「手報紙而讀之，除蕪雜猥屑之記事外，皆小說及游戲文也」相合。戈公振所言，「新聞少而文藝多」，實爲當時報刊的普遍現象。一言以蔽之，那時報刊欲以新聞取勝，條件十分不夠，所以我說，副刊的憑藉遠較報紙爲厚。

二、副刊的誕生，爲爭取銷路是一個重要因素。倘如它在這一點上，沒有成功，它便很少發展的機會。我們且看申報初創時的情形。申報於一八七二年四月創刊，銷路是六百份，但半年後創辦「瀛寰瑣記」月刊（一八七二年十一月十一日），至翌年一月，銷路即增加一倍——一千二百份。此後四年，由「瀛寰瑣記」到「寰宇瑣記」，銷路一直在增加——一八七六年六月，二千份；一八七七年，五千份，已是創刊時的八倍多了。

申報發展，原因當然不止一端；但它在草創那段期間，環境單純，力量單薄，其他新猷，一時還不能施展，所以像「瀛寰瑣記」這樣的「副刊」之創辦，和銷數的關係是很密切的，雖然未必是不可分的。我們知道，申報創刊後十年，即一八八二年十月十六日，才有第一條電報，那是從天津拍到上海來的，內容是清廷的「諭旨」。

三、有清一代讀小說的風氣是如何濃厚，前文已詳述；可惜這種風氣獨不能惠及報紙。「中國報學史」說：「嘉道間，報紙多係送閱；咸同間，報紙多係挨戶乞閱；光宣間，報紙始漸流行，然猶茶餘酒後之消遣品也。」「上海閒話」說：「而社會又不知報紙爲何物，父老且有以不閱報紙爲子弟勗者」。這眞是怪現象。當時報紙「送閱」和「乞閱」的情形，梁啓超身受其賜，有一段生動的描寫：「（中外公報）乃託售京報人隨宮門抄送諸官宅，酬以薪金，乃肯代送。辦理月餘，居然每日發出三千張內外，然謠諑蠭起，送至各家門者，輒怒以目，馴至送報人懼禍，及懸重賞，亦不肯代送矣。」（鄙人對於言論界之過去及將來）

但是，以文學爲內容的小說，銷售反而甚暢。例如，革命先進鄭貫一先生辦的小報——「惟一趣報」（又名「有所謂」），「專以小品文字牖導社會」，卻能收到「銷路之廣，駕各大報而上之」（馮自由：革命逸史）的效果，其情形正與「以善爲嘻笑怒罵之文著稱於時」的「游戲報」、「指南報」等相同。所以當時副刊文字雖刊在報紙後幅，卻是最能吸引人的所在，如前引「怪現狀」中所描述者。

四、中國小說如果不曾發展成一種宜於刊載的體裁，那麼，小說縱然成績輝煌，也搬不上報紙，不能和報紙生出交涉來。妙就妙在中國的章回小說，從宋朝就奠定基礎，而清初吳敬梓的「儒林外史」，更從小說的體內發爲宜於分載的體裁。儒林外史「全書無主幹，僅驅使各種人物，行列而來，事與其來俱起，亦與其去俱訖。雖云長篇，頗同短製。」這種分合咸宜的文體，無疑是合乎刊載的要求的，後李嘉寶的「官場現形記」，便是「一部模仿儒林外史的諷刺小說」（胡適）。

五、小說派了許多新用場。因爲當時知識份子認清了小說的功用，知道小說可爲轉移風氣，輔導社會，抨擊政治，宣傳革命的工具，故小說的運用愈出愈奇。試看曼殊大師翻譯法國囂俄的「慘世界」，民國紀元前九年發表於「國民日日報」。

書中有一貪官，曼殊把他的姓名譯爲「滿周狗」，當然是「滿洲狗」的諧音，顯然是借題發揮，他不是把小說當做宣傳革命的工具是什麼？由此種種變化推演而成的五四運動，副刊要佔一個重要地位，那就不在話下了。

徐志摩的半篇文章

徐志摩的半篇文章

一

徐志摩於民國十四年十月一日接編晨報副刊（報眉為「晨報副鐫」），那天的編號為「第一二八三號」「目錄」上共列三篇作品：

我為什麼來辦？我想怎麼辦？　徐志摩
中秋晚　淑　華
題宋石門畫像　梁任公

如果副刊的發展，也值得修史的話，我想，徐志摩這篇文章是有史料價值的，可惜我遍尋全文不得，甚以不能一窺全豹為憾；而能塡補這個缺憾的，便是胡道靜的「新聞史上的新時代」，影印了第一二八三號的晨報副刊，字跡雖小，用擴大鏡放大，還看得很清楚。現在就把這半篇文章抄在下面，讓大家欣賞一翻，再作爲討論的基礎吧：

我早就想辦一份報，最早想辦「理想月刊」，隨後有了「新月社」，又想辦新月周刊或月刊；沒有辦成的大原因，不是沒有人，不是沒有錢，倒是我自己的「心不定」。一個朋友叫我「雲中鶴」，又一個朋友笑我「腳跟無線如蓬轉」，我自己也老是「今日不知明日事」的心理，因此，這幾年只是虛度，什麼事都沒辦成，說也慚愧。我認識陳博生，因此時常替晨報寫些雜格的東西。去年黃子美隨便說起要我去編副刊，我聽都沒有聽。在這社會上辦報本來就是沒奈何的勾當，一個月來一回比較還可以支持，一星期開一次口已經是極勉強了，每天要說話簡直是不可思議——垃圾還可以當肥料用，拿瀉藥打出來的爛話有什麼去路！我當然不聽。三月間我要到歐洲去，一班朋友都不肯放我走，內中頂蠻橫不講理的是陳博士與黃子美，我急了只得行賄，我說，你們放我走，我回來時替你辦副刊，他們果然上了當，立刻取銷了他們的蠻橫，並且還請我吃飯餞行。其實我只是當笑話說，那時賭咒也不信有人能牽住我辦日報，我心想到歐洲去孝敬他們幾封通信也就兩開不是？七月間我回來了，他們偪著我要履行前約，比上次更蠻橫了，眞像是討債。有一天，博生約了幾個朋友談，有人完全反對我辦副刊，說我不配，像我這類人只配東飄西蕩的偶爾擠幾首小詩來給他們解解悶也就完事一宗；有人進一步說，不僅反對我辦副刊，並且副刊這辦法根本就要不得，早幾年許是一種投機，現在可早該取銷了。那晚陳通伯也在座，他坐著不出聲，聽到副刊早就該死的話，他倒說話了。他說得俏皮，他說他本來不贊成我辦副刊的，他也是最厭惡副刊的一個，但為要處死副刊，越早撲滅這流行病，他倒換了意見，反而贊成我來辦晨報副刊，第一步逼死別家的副刊，第二步掐死自己的副刊，從此人類可永免副刊的災殃。他話是俏皮，可是太恭維我了；倒像我眞有能力在掐死自己之前逼死旁人似的。那晚還是沒有結果，後來博生再拿實際的利害來引誘我，他說，你還不是成天想辦報，但假如你另起爐灶的話，管你理想不理想，新月不新月，第一件事你就得準備貼錢，對不對？反過來說，副刊是現成的，你來我們有薪水給你，可以免得做遊民，豈不是一舉兩得！這利害的確是很分明，我不能不打算了。但我一想起每天出一張的辦法還是腦袋發脹。我說我也願意幫忙，但日刊其實太難，假如晨報週刊或是甚至三日刊的話，我總可以商量……這來我可被他抓住了，他立即說好，那我們就為你特別想法，你就管三天的副刊那總合式了。我再不好意思拒絕，他們這樣的懇切。過一天，他又來疏通說，三天其實轉不過來，至少得四天，我說那我只能在字數裏做伸縮，我想，盡我能力的限度，只能每週管三萬多字，實在三天勻不過來的話，那我只能把三天的材料攤成四分，反正多少不是好歹的標準不是？他說那就隨你了。這來笑話就變成了實事，我自己可想不到的。但同時我又警告博生，我說我辦就辦，辦法可得完全由我，我愛登什麼就登什麼，萬一將來犯什麼忌諱，出了亂子，累及晨報本身的話，只要我自己以爲有交代，他可不能怨我，還有一層，在他雖則看起我，以爲我辦不至於怎樣的不堪，但我自問決不是一個會投機的主筆，迎合群衆心理，我是不來的，諛附言論界的權威者，我是不來的，取媚社會的愚闇與褊淺，我是不來的，我來只認識我自己，只知對我自己負責任，我不願意說的話，你逼我求我，我都不說的，我要說的話，你逼我求我，我都不能不說的；我來就是個全權的記者，但這來，爲他們報紙營業著想，卻是一個問題。因爲我自信每回我說話比較自以爲像話的時候，聽得進聽得懂的讀者就按比例的減少；一個作者往往因爲不肯犧牲自己的思想的忠實，結果暗傷讀者的私心，這也是應得慮到的，所以我來接手時，即使不鬧大亂子，也難免使一部分讀者失望的危險（這就是一個理由，日報不應該有副刊），你不久許會聽著各方面的抱怨，說：「從前的副刊，即使不十分出色，總還是妥妥貼貼看得過去，這來，你瞧，讓一個瘋子在那裏說廢話，我們可沒有閒工夫來消化，我們再也不請教副刊了。」本來報紙這東西是跟著平民主義、工商文明一套來的，現在最大的特色是一班人心靈的疲懶，教一個人能自己想，是教育最後的成功，但一班人與其口腦力想，還不如上澡堂躺著打盹去，誰願意想來？反而說，有思想的人唯一的目標是要激動一班人的心靈活動，他要叫你聽了他的話不舒服、不痛快，逼著你張著眼睛看，篤著你領起精神想，他不來替你出現成的主意，像政府的命令，或是說模稜兩可的油話，像日報上的社論，或是通知你，某處有兵打架，某處有草棚子著火，像所有的新聞，他不來替你菜蔬裏添油，不來替你舖地毯省得你腳心疼；他第一叫你難受，第二叫你難受，第三還是叫你難受。這樣的人來辦報，在營業上十九是不免失敗的，也許本來這思想的事業是少數人的特權與天賦，報紙是為一班人設的，這就根本不能與思……

抄文至此，戛然而止，就像使平生氣力，一棒打去，撲了一空似的不是味道。但我們所欲討論的問題，儘可在此中尋得論點，有這半篇文章，也足夠了。現在分三個問題來討論：

一、徐志摩辦副刊為什麼遲疑不決？

二、他的朋友為什麼不贊成他辦副刊？

三、他為什麼要做一個「全權的記者」？

二

首先我們要明白，三十多年前做副刊編者，和今天的副刊編者不大一樣，因爲他的任務，「做文章」實在比「編稿子」重要得多，也吃力得多。所以像徐志摩這種才氣縱橫的作家，事到臨頭，不免遲疑。他「早就想辦一份報」，理想月刊、新月周刊等都在他心裏盤桓過，而其所以辦不成，旣非「沒有人」，又非「沒有錢」，而是他「心不定」。有「雲中鶴」之稱的徐志摩，自由自在慣了，一旦辦副刊，做起編者來，責任在身，那罪是不好受的。他的心之所以不定，就是怕寫文章。關於這點，他說得很明白：

「辦報本來就是沒奈何的勾當，一個月來一回比較還可以支持，一星期開一次口已經是極勉強了，每天要說話簡直不可思議——垃圾還可以當肥料用，拿瀉藥打出來的爛話有什麼去路！」

據他自己估計：「盡我能力的限度，只能每周管三萬多字。」別小看了這一點，他每天平均要寫五千字，才敢說這句話，而且寫出來的東西，並非「拿瀉藥打出來的爛話」，標準也不算低，他的創作能力實在是很強的。如今常有人罵副刊編者「包辦」，像徐志摩這樣滿腹文才詩才的名家，要他辦副刊，尚且包辦不了；今之編者，文不如徐，才不如徐，詩更不如徐，那裏夠資格侈談「包辦」？

寫文章、做編者的苦處，別人的經驗，徐志摩也許不知道，梁啓超是他的老師，他總該知道一些。梁啓超在光緒二十二年至二十四年（一八九六——一八九八）任「時務報」主筆的兩年間，所吃的苦頭是很大的，非一般人所能堪：

……然即如啓超者，忝任報中文字。每期報中論說四千餘言，歸其撰述；東西各報（按：當時「時務報」的英文翻譯爲張少堂，東文（即日文）翻譯爲古城貞吉）二萬餘字，歸其潤色；一切公牘告白等項，歸其編排；全本報章，歸其復校。十日一册，每册三萬字，啓超自撰及刪改者幾萬字，其餘亦字字經目經心。六月酷暑，洋燭皆變流質，獨居一樓上，揮汗執筆，日不遑食，夜不遑息。計當時一人所任之事，自去年以來，分七八人始乃任之。……

——梁啓超，創辦時務報原委記

有人說，副刊編者最好由作家充任，名作家就更好，事實很明顯，惟有具備創作經驗，在創作中曾經鬧過失眠，鬧到神經衰弱的人，庶幾了解作者們寫作的甘苦，鑑定作品的高下；而他本人的作品，擲地有聲，就容易贏得一般投稿人的尊崇，縱然在他手裏翻觔斗，遭到退稿，也心悅誠服，順帶把副刊的地位提高。再則，由於他在文藝的圈子裏，成就甚大，地位甚高，人緣甚好，拉稿也比較容易，他所編的副刊，沒有不好的。在新聞事業史上，找得出若干名流和名作家，如孫伏園、徐志摩先後主持的晨報副刊，都辦得有聲有色，便是先例。這派言論，既有歷史爲後盾，他們的話，的確動聽而且有力。

在副刊演進的過程中，文人主持筆政，所表現的成績和所作的貢獻，迄今思之，還令人嚮往；同時令人想起，美國新聞事業史上有所謂「光桿編者」（Personal editor），那個時期，一個精明強悍的人，包攬了一張報紙的全部工作（梁啓超的例，差不多和這差不多），似乎並不短缺什麼。當時文人主持筆政，不僅副刊大權在握，即整個新聞事業的「報政」，亦由文人總攬，也都有他們的成績和貢獻，如「光桿編者」之所爲者。

老式的副刊，離不開風花雪月，即令「五四」以後，有的副刊做了新文學運動的前驅，洗刷了「報屁股」這個惡名所帶來的羞辱，但大多數的副刊，還是依然故我，所以到民國二十幾年，上海的副刊，還以「多談風月，少談國事」爲標榜。「五四」以後，大家對副刊刮目相看，乃因它和新文化運動相結合，灌注了一種新血輪，使它前此陷於泥淖的腳，拔了一隻起來；而原有的包袱，既因種種因緣不能斷然拋棄，另外一隻腳拔不起來，跟著時代往前跑。這與眼光無關，這是一個需要時間來解決的問題。

在「五四」前後，副刊起作用的，或以文藝見長，或以學術鳴高，或以革命震世，使副刊從幾方面擺脫原有的窠臼，顯出多元的性能來，予世人以清新的觀感。至此，我發現了一個事實：副刊幹文藝，只是它所具備的諸種性能之一，如果報紙要把它的副刊辦成文藝的或文藝性的，那自然以請作家或名作家來主持爲宜；但是，如果它的目的在宣傳，不甘侷限於文藝——既不能「爲文藝而文藝」，又不能「爲生活而文藝」，而要「爲宣傳而文藝」，則在物色副刊編者時，不一定非在作家群中找不可。且時代演進，寫作已成風氣，有變成職業的可能，稿源暢旺，副刊編者一個字不寫，也不致發生稿荒。今天的副刊編者，已和徐志摩當編者時，完全不同：徐志摩那時代的編者，以「寫文章」爲主，以「編稿子」爲輔；我們這時代的編者，以「編稿子」爲主，以「寫文章」爲輔，情形剛剛相反。所以主張副刊編者須以作家充任的人，雖明於歷史的往跡，實昧於時代的變遷。

不過，副刊以文藝爲本質，副刊編者，縱非作家，對於文藝不能一竅不通，此與國際版編輯，不能不粗知國際大勢，道理相同。假如有一個人，文藝素養和編輯技巧能集於一身，那才是合乎理想的副刊編者，純粹的作家，特半個編者而已。

三

現在討論第二個問題：徐志摩的朋友爲什麼不贊成他辦副刊？

那時的人，對於副刊的評價，似乎不高。試看：

「有一天，博生約了幾個朋友談，有人完全反對我辦副刊，說我不配。像我這類人，只配東飄西蕩的偶爾擠幾首小詩來給他們解解悶，也就完事一宗。有人進一步說，不僅反對我辦副刊，並且副刊這辦法根本就要不得。早幾年許是一種投機，現在可早該取銷了。

「那晚陳通伯也在座，他坐著不出聲，聽到副刊早就該死的話，他倒說話了。他說得俏皮，他說他本來不贊成我辦副刊的，他也是最厭惡副刊的一個，但爲要處死副刊，越早撲滅這流行病，他倒換了意見，反而贊成我來辦晨報副刊，第一步逼死別家的副刊，第二步掐死自己的副刊，從此人類可永免副刊的災殃。」

爲什麼這次「座談會」中，會有這種怪議論？還是要在歷史上去找答案：

「音樂會與跳舞會不多有，戲園與遊戲場喧囂齷齪特甚，當此社會設備不完美之時，凡有文字知識者，舍讀日報副張以調節其腦筋外，幾別無娛樂之可言。

「今日各報之副張，果能應此需要否？或偏於舊，一意模仿古人作品；或偏於新，有類學校講義。下焉者，則搜羅新奇之事物，謂姑誌之以供博物學家之研究，非失之荒唐，即失之滑稽。是編者欲供讀者以娛樂，而結果適得其反。」

——戈公振：中國報學史

那麼，副刊又荒唐到什麼程度，滑稽到什麼地步呢？不舉實例，難以取信於人，請讀下文：

廣東新會發現田魚寶　譚觀成

新會爲粵中五大名縣之一。亦山明水秀之鄉。所產甜橙。著名遐邇。頃接該地友人來書言。縣城之沙堤橋河中。於四月八日發現田魚寶一顆。緣是地向爲捕魚區域。有漁夫名鍾濂者。亦屬老顧客。是日鍾於垂網時。忽見千萬魚蝦。群集一處。鍾入水兜捕之。魚蝦紛紛遠竄。俄頃又聚。鍾甚爲異。乃搜撈其地。得一石。重可十斤。滌去泥污。石色淡青。鱗甲斑斑。絕類金魚。即懷之歸。越日。爲某骨董家以二十五元易之。事爲縣教育局得悉，所定是石爲寶，應歸公家保存。現正在交涉中，稽考縣誌。載沙堤橋。某名士曾題之曰紫水魚舟。引爲新會八景之一。相傳河橋底恆有石像魚，名「田魚寶」者出現。嗣遭漁夫識破盜去。魚蝦遂逐漸減少云云。則是石殆爲田魚寶無疑矣。亟錄之。以待識者考證。

——上海新聞報，快活林（十八年四月廿三日）

所以當時有人，以「封建勢力在報紙上」爲題，在文中說：

「附張編輯者的缺乏常識，也是至可詫怪的事。怪胎鬧鬼之事，時見記載；最無根據的劍客俠士的消息，也常有詳盡的報告。此外，中醫的神效，西人的怪事，以及五六十年前筆記中所常有的神怪記載，也無不應有盡有。」

「又附張上又常常看見一班酒囊飯袋的記者們在聚餐消息及被邀赴宴的消息。這種消息，記載的是他們這一批東西的瑣屑的諧謔與其無意識的舉動（例如「一親芳澤」之類！）眞是極形極狀的寫，也顧不得讀者在鄙夷、在發嘔。這一批酒囊飯袋的記者們，大約除了僕僕出征去盡他們的酒囊飯袋的任務之外，也便別無所有、別無所能了。酒囊飯袋不去，新聞界的新光是決不會出現的！潔身自好，有意於抬高或實現新聞記者的責任的人（無論他已是或將是新聞記者）將如何聯合起來打倒他們呢？」

——黃昏的觀前街，頁一二三

民國十八年的副刊內容，尚且如此，以前的副刊，更不堪聞問，那就難怪徐志摩的朋友，不僅反對他辦副刊，並且認爲「副刊這種辦法根本就要不得，早幾年許是一種投機，現在可早該取銷了。」而「最厭惡副刊」的陳通伯更希望假徐志摩之手，「第一步逼死別家的副刊，第二步掐死自己的副刊，從此人類可永免副刊的災殃，」雖未必言之成理，卻是持之有故。所謂「早幾年許是一種投機」，大約是指民國八年「五四」時期的副刊，曾經有過輝煌的成效而言。時過境遷，副刊恢復本來面目，自然難望令人滿意。

四

第三，徐志摩要做「全權的記者」，所持的理由有二：對內，他要獨立自主——「同時我又告訴博生，我說我辦就辦，辦法可得完全由我，我愛登什麼就登什麼，萬一將來犯什麼忌諱，出了亂子，累及晨報本身的話，只要我自己以為有交代，他可不能怨我」；對外，他也要獨行其是——「但我自問決不是一個會投機的主筆，迎合群衆心理，我是不來的，諛附言論界的權威者，我是不來的，取媚社會的愚闇與褊淺，我是不來的，我來只認識我自己，只知對我自己負責任，……」由徐志摩的話，可知他接編晨報副刊，完全要用一種「惟我獨尊」的精神，貫注於字裏行間。他這種態度，我們可以這樣說，他對了一半，也錯了一半。

文藝這樣東西，當做學問來做，範圍極廣，內容極富，技術極巧，境界極高，做一輩子也做不完；當常識來看，它又近在眼前，脫離不了生活，無論男女老少，只要粗通文理，看過幾場電影，讀過幾部小說，就可雞零狗碎發一通議論，再不然，他也會單憑觀感所及，表示他的愛憎，而愛與憎正是一個好與壞的標準，不能一概置之不理。在這種情況下，副刊編者，倘無主張、無定見，不能「完全由我」，將如築室道謀，搞不出什麼名堂來。

由於大家對於文藝都在行，報社之內，上上下下，對副刊都能各抒己見，副刊編者如非「全權的記者」，勢必要在家庭裏做小媳婦，三公六婆的命令，固當惟命是聽，諸姑伯叔的提示，也要敬謹接受，甚至甲推薦一本小說，乙介紹一篇文章，亦人情之常，不得不愼重考慮。但這樣發展下去，顧得了人情，顧不了主張，會把副刊辦得腐氣滿紙，有文字而無韻味，有作品而無風骨，整個副刊，沒有個性，沒有特色，那就無論對於報紙，對於副刊，對於編者，都是沒有好處的。其事至微，其理至隱，而所關實大。

對於副刊有意見，那是好的，但一切意見必須在計劃設計之前提出來，歸納成共同的結論，形成共守的政策。一旦付諸實施，編者就該做一個「全權的記者」，充分發揮其所長，使他的個性外射而成爲副刊的特色。

副刊的本質爲文藝，文藝爲心靈的產物，它的好好壞壞，誰也拿不出一個客觀的標準來衡量。記得幾年前，本報爲暴露「人民公社」的罪惡，舉行徵文，取了「近鄉情怯」等數篇。評判委員都是社外有成就的作家學者。對於「近鄉情怯」所給的評價，多數列入甲等，但也有只給六十幾分的，相差高達十幾二十分。由此看來，稿件的取捨，全憑編者個人的直覺——對就對了，錯就錯了，如果不做「全權的記者」，不能放手放膽做去，辦副刊不容易討好。

不過，這些話，和當日徐志摩要做「全權的記者」是不大相合的。他和陳博先生的關係，誼屬朋友，即令他接受陳先生的禮聘，去接編晨報副刊，仍然處於客卿地位，工作也是客串性質。在陳先生的心理，只要徐志摩肯出場，一切好商量，別說要做「全權的記者」，即令條件再苛些，他或者都不在乎。因為晨報副刊，在徐志摩接辦之前四年，即自民國十年十月十二日起，已經「宣告獨立」。據晨報的「專欄啓事」，當時的決定是這樣的：

「我們報告你一件可以高興的事，本報從十月十二日起，第七版要宣告獨立了。「……現在決定於原有的兩大張之外，每日加出半張，作為『晨報副刊』。原來第七版的材料（按為關於學術文藝的譯著），都劃歸副刊，另成篇幅，並且改為橫幅，以便摺釘成冊。於副刊之內，又把星期日的半張特別編輯，專取有趣味可以導娛樂、又可以饜智慾的材料，以供各界君子休假腦筋的滋養。……」

晨報副刊，本來就是「獨立」的，徐志摩要做「全權的記者」，要「愛登什麼就登什麼」，要「只知對我自己負責任」，皆無不可。但他說這些話時，他心目中只有副刊，沒有報紙；只有編者，沒有發行人。雖說他的個性已發揮到了極致，他對報紙的認識，尤其對於副刊在報紙上所應居的地位，所應守的職分，殊嫌不足。徐志摩知道，「報紙這東西是跟著平民主義、工商文明一套來的」，但他的主張，只能適合他個人的情形，不能應用在每一個副刊編者身上。就整個報紙來說，重在平均發展，面面兼顧，副刊儘可一枝獨秀，但，再進一步，發展而成報中之報，只怕是很不妥當的。關於這點，我很欽佩「芝加哥每日新聞」（Chicago Daily News）的史東（Melaille E. Stone）的高見。他在「記者生涯五十年」（Fifty Years of a Journalist）非常扼要地說：

「發行的主旨，在世界新聞的採集和發佈。一般公認，編輯部須完成的任務有三：第一，刊載新聞；第二：力促輿論的健全；第三：提供消遣。我採用這個次序，乃因我相信這是一種正確的排列。如果把這個次序顛倒過來，而且把讀者的消遣列爲首要，我相信那是經營上的錯誤。……」

五十二年七月十日

我為什麼來辦，我想怎麼辦（下半篇）

徐志摩

……想做緊鄰。但這番話讀者你也許說對。我們那位大主筆先生還是不信，他最後一句話是「你來辦就得了！」

所以我不能不來試試。同時我自己也並不感覺我說話的鹵莽。「晨報副刊」，嘿！說起來頭大著哩！你們不見晨報的廣告上說什麼「思想的前驅」，這大約是指副刊的。因爲我們不能在正張新聞裏找思想，更不能在經濟裏找前驅。不！我也很想知道「晨副」過去光榮的歷史，現在誰知道卻輪著我來續貂！所以假如我上面的話有地方犯什麼褻瀆或誇口的嫌疑，我趕快在這裏告無心的罪；我這一條臂膀能有多大能耐，能舉起多少分量？不靠朋友幫忙是做不成事的，我也很放心是我的朋友（相識或不相識）決不會袖手的。要不然我那敢冒昧承當這副重擔。我只盼望我值得你們的幫忙。這回封面廣告的大字是「副刊的提高及革新」，那大概是營業部擬的啓事，我並沒有那樣的把握。革新還可以說，至少辦事方面換了手，印刷方面也換了樣那就革新。提高的話可就難說了。我就不明白高低的標準在那裏。我得事前聲明，我知道的只是在我職期內盡我的力量來辦就是。

我自己是不免開口，並且恐怕常常要開口，不比先前的副刊主任們來得知趣解事，不到必要的時候是很少開口的，我盼望不久就有人厭棄我，這消息傳到我的上司那邊，我就有恢復自由的希望了！同時我約了幾位朋友常常替我幫忙。我特別要介紹我們朋友裏最多才多藝的趙元任先生，他從天上的星到我們腸子裏的微菌，從廣東話到四川話，從音樂到玄學，沒有一樣不精；他是一個眞的通人，但他頂出名的是他的「幽默」，誰要叫趙先生講演不發笑他一定可以進聖廟吃冷肉去！我想給他特闢一欄，隨他天南地北的亂說，反正他口裏沒有沒趣的材料。他已經答應投稿，但我爲防他懶，所以第一天就替他特別登廣告，生生的帶住他再說，老話說的「一將難求」，我這才高興哪！此外，前輩方面，梁任公先生那桿長江大河的筆是永遠流不盡的，我們這小報也還得沾光他的潤澤。張奚若先生，先前政治時報的主筆，是一位有名的砲手，我這回也特請他把他的大砲安在順治門大街的後背。金龍蓀、傅孟眞、羅志希幾位先生此時還在歐洲，他們的文筆我盼望不久也會來光我們的篇幅。我們將請姚茫父、余越園先生談中國美術，劉海粟、錢稻孫、鄧以蟄諸先生談戲劇，聞一多先生談文學，翁文灝、任叔永先生專撰科學的論文，蕭友梅、趙元任談西洋音樂，李濟之先生談中國音樂。上海方面我親自約了郭沫若、吳德生、張東蓀諸先生隨時來稿；武昌方面，不用說，有我們鍾愛的郁達夫與楊金甫。陳衡哲女士也到北京來了，我們常可以在副刊上讀她的作品，這也是個可喜的消息；我此時是隨筆列舉，並不詳備。至於我們日常見面的幾位朋友，如西林、西瀅、胡適之、張歆海、陶孟和、江紹源、沈性仁女士、凌叔華女士等更不必我煩言，他們是不會曠課的。萬一他們躱懶，我要叫他們知道我的夏楚厲害！新近的作者如沈從文、焦菊隱、于成澤、鍾天心、陳鏄、鮑廷蔚諸先生也一定當有嶄新的作品給我們欣賞。宗白華先生又是一位多方面的學者，他從德國回來，一位江西謝先生快從法國回來，專研文學的。我盼望他們兩位也可以給我們幫忙。

這是就我個人相知的說，我們當然更盼望隨時有外來精卓的稿件，要不然我們雖則有上面一大串的名字，還是不易支持的。酬報是個問題，我是主張一律給相當酬潤的。但據陳博先生說晨報的經濟也很支絀，假如要論文付値的話報館破產的日子就不在遠。我也知道他的困難，但無論如何我想法不叫人家完全白做，雖則公平交易的話永遠談不上。這一點我倒立定主意想提高，多少不論。靠文過活不必說，拿到一點酬報可以多買一點紙筆，就是不介意稿費的，拿到一點酬勞也算我們家鄉話說的一點「希奇子」，可以買幾包糖炒良鄉吃。同時，我當然不敢保證進來的稿件都有登的希望。雖則難免遺珠，我這裏選擇也不得不謹愼。即使我極熟的朋友的來件也有得到「退還不用」的快樂。我預先聲明保留這點看稿的爲難的必要，我永遠托庇你們的寬容。

——晨報副刊，民國十四年十月十一日

副刊人才一將難求

照一般常識的理解，編輯副刊，不過發幾篇稿子，有什麼了不起，何待乎人才？實則，如果有人出任社長，除了物色適當人選，充任總編輯、總經理而外，傷他腦筋的，只怕是找一個副刊編者了。這時他會發覺副刊編者的重要，同時發現副刊人才的缺乏，而有一將難求之嘆！

副刊編者，從來無所謂培植，目前各報的副刊編者，都是工作中磨鍊成的，人才儲備之說，副刊無與焉。所以明查暗訪，只有求諸文藝圈中。但是，一個作家並不等於一個編者，他的文章縱然寫得好，並不能保證副刊一定辦得好。打開記憶之門，許多有名的副刊，都是當時有名的文人主持的，今天再從文藝圈中選拔副刊編者，不能算錯。可是，有一個事實必須辨識清楚：從前的副刊，固然是由文人主持，就連整個的報紙，又哪一部門不是由文人包辦呢？若報紙演進到今天，必須由受過新聞訓練的人接替，各部門都改變了，副刊何能例外？

今天，倘如我們仍然像我們的老前輩一樣，把副刊看作「報屁股」，思想未免陳腐，宣傳學不遺棄文藝，而刊載文藝作品的副刊，經過幾十年的變化，至今已成中國報紙一大特色，讀者已經「不可一日無此君」，其對宣傳的貢獻，所予讀者的影響，我們只消閉上眼睛，靜思片刻，即可得到答案。現在辦報而不重視副刊，重視副刊而不培植副刊人才，只怕未見其可吧？

副刊對報紙的重要如彼，大家對副刊人才的態度如此，中間的罅隙太大，正需新聞教育出其餘智，分其餘力，及時彌縫。這不是一件小事，因爲每個副刊編者的肩上，不管他願意與否，或者自覺與否，都分擔著一代文運的重擔，做著最接近讀者心靈，最深入讀者生活的工作，而副刊在爭取讀者上，推廣銷路上，正是一支策應作戰的輕騎部隊，自有不容抹煞的功能與價值。

副刊編者掌握著發表的機會，心要公誠坦蕩，以衡量來自各方的作品，俾各隨其分而予以應得的取捨，所憑藉的，全在批判的能力。創作能力，在稿源不暢的年代，編者「常須述野語稗史以補白」（戈公振：中國報學史），甚至親要自執筆以爲文，當然以擅長此道的文人出任編者，最爲相宜；而今時代改變，編者對寫作固不可懵懂無知，但他確已退到後備役的地位，非不得已不執筆，而其主要工作，在處理稿件——閱稿、審稿、取稿、發稿，於稿源的開發，內容的充實，花樣的翻新，版面的設計，宣傳的運用，讀者的爭取，以及新聞的配合，使副刊登出的作品，與時代思潮相起伏，叫出千萬人的心聲。爲「文藝而文藝」也好，「爲生活而文藝」也好，那是文士們的雅事，至於我們副刊編者，則要抱定「爲宣傳而文藝」的宗旨，盡量與報紙其他部門相呼應，相結合，凝爲一體，庶幾收到紅花綠葉之效。

一個副刊編者，爲了達成上述任務，除了知道文藝爲何物之外，還須知道把文藝搬到宣傳上來運用，所以要懂得宣傳學、新聞學，才不致如文人之專注於文藝，而忘記報紙的基本目標，謹守著副刊在報紙上應守的分寸。但是，在他們的工作範圍內，他們能使文藝固有的光彩四射，不僅使讀者得到高尙的娛樂，爽心悅目，而且在培養情操方面，吸收經驗方面，體會人生方面，探索寫作方面，收到潛移默化的功效。讀副刊的人，如果能在苦難的人生中，動盪的時代裏，因讀到好的作品，覺得日子比較好過些，活得有意義些，進而奮發其心志，爲人生的長遠目標而努力不懈，那就美到家了。

由此觀之，做一個副刊編者，並不如想象那樣簡單。僅就粗淺處說，即如文字一端，就潛伏著若干困難。也許對於其他編者，只要文字清通即可，但對一個副刊編者的文字，非要求得嚴格些不可，因爲他面對的工作，常須濃磨墨，飽蘸筆，大刀闊斧改文章。文章須改，在副刊，差不多是一個普遍的要求，倘心中沒有更好的字句，有把握改得比原文精彩、妥貼、生動、簡勁，誰也不敢動手。一般人對於文藝作品的文字水準，總比新聞寫作要求得高些，一字不安，一句未妥，指摘立至，因而咬文嚼字成了副刊編者潛心研究的主要課題。若文字修養，不於平日多下苦功，一旦登上編輯桌，查字典，翻辭源，檢類書，已嫌遲了；因為一個字、一個詞、一個典，要事先懷疑它有問題，才會去參考工具書，否則就會胡裏胡塗放過，根本不知道錯或不錯。

且在每天投來的作品裏，錯誤絕不止限於字句，有人會把「孔曰成仁，孟曰取義」，寫成史可法說的，編者如果不記得「正氣歌」，想不起文天祥，就會上當。有人把「不識廬山眞面目，只緣身在此山中」，說是白居易的詩句。編者必須有把握肯定這是蘇東坡的手筆，才敢改正這張冠李戴的錯誤。說穿了，這些都是微不足道的常識，編者所受的考驗，也不過芝麻蒜皮的小事件，但要眞經得起考驗，倘非素習，就要貽讀者以話柄，罵編者無知。文章好，讀者誇作者的天才，編者沾不上邊；文章出了錯，編者該死，連這樣普通的常識都沒有，怎樣夠得上登編輯桌？

這還是有形的錯誤，更有認識不正確，頭腦不清楚，滿腹牢騷，說話帶刺的作品，根本的錯誤出在精神上、心理上、思想上，編者如果沒有比較正確的看法，六神無主，就會掌不住舵，危險殊大。文藝不比新聞，有客觀的事實作依據，眞僞易知，是非易辨，文藝則深入意識形態，不易覺察。我們生當這個宣傳戰、思想戰激烈的時會，如無堅定不拔的信心，動搖不得的定見，是很難置身於像副刊這樣的名利之場、是非之地的！

凡上所述，只說明了一件事情，副刊編者非經過多年的磨鍊，難以勝任多方肆應的工作。在工作上學習，無異在黑暗中摸索，雖也有摸到天亮、前途一片光明的時候，畢竟付的代價太高，不如從學校就開始。惟副刊為中國報紙的特色，不像其他的新聞學課程，可以借重外國著作為教材，只得「反求諸己」。說來可憐，我們的副刊雖有幾十年的歷史，至今尚未見一本研討副刊的專著，乃至有參考價值的論文也不多見。若想在此時開副刊的課程，困難在所不免。不過問題已擺在面前，總得設法解決。我們經驗的累積，縱然不足以構成一個思想系統，寫出一本「副刊論」，但能變通辦理，設「副刊講座」，無論如何是辦得到的。倘一人之力不足以獨當此任，多請幾個有經驗有成就的人，分幾個方面來講，以喚起學生的注意，提起學生的興趣，為他們開一個端，讓他們深入探討，當未來的副刊編者人才輩出的時候，我們中國報紙的特色，才會大放光明！

剪貼經緯

剪貼有成

半年之內，我接連去高雄五次，都是為了剪貼——或為安排展覽，或為發表演說，或為參加觀摩。每有一度親身經歷，即多一分深切體認。因此，有人封我為「剪貼專家」，對此不虞之譽，也只有腆顏受之。

剪貼如果我不是知道得最多的，也是接觸得最久、涉獵得最廣的少數幾人之一。就我個人私下的觀察，剪貼其所以能引人、能誘人、能迷人，只為它所使用的工具簡單，所利賴的憑藉不多，想做出手可做，想得伸手可得，而其內涵，說眞有眞，說善有善，說美有美，人生所欲追求的種種，囊括無遺，只要肯動手，又有「求無不得」的把握，簡直可以說，「好的開始就是成功的全部」。試想想，一瓶漿糊，一把剪刀，一疊白紙，憑著巧手慧心，剪貼成一個花花世界，那該多有意思！

別小看這種剪剪貼貼，拼拼湊湊，每一個輕微動作，都含有「知」，同時含有「行」，是在實踐「即知即行」的哲學，是與教育原理，「在行爲中學習」相符合的。我們目前的教育，偏於智識的傳授，在課堂上講授的那一大套，往往失之空洞，陷於言過其實而不自知；學生長期接受這種注入式的教育，以爲聽講是受教育的全部，久而忘記如何去做，失去做的機會，也失去了做的能力。其實，中國的讀書人，總其一生，不過「三做」——做人做事做學問而已。今以剪貼矯正其失，從頭做起，允爲正本清源的一法。

做事，貴能「大處著眼」，尤貴「小處著手」。英雄無用武之地，爲古今之所同悲，這悲也就悲在沒個著手之處。剪貼取材於報紙雜誌，處理的資料，全在倫常日用之中，毋須什麼憑藉和背境知識，興致一來，即可著手，而可收立竿見影之效。這個著手的起點，是非常可貴的，因爲它雖然是小處，卻與大處相通，雖然是暗處，卻與明處相接，雖然是苦處，卻與甜處相連，無往而不利，對我們的鼓勵實在是大。

剪貼之所以有開始就一定有成就，在「積」、在「輯」，更在「績」。這話怎講？「積」是儲蓄，譬如用錢，一塊兩塊，沒有用處，十塊八塊，也派不上用場；如能儲蓄，積累到十萬百萬，千萬萬萬，高下隨意，那就不同了。「輯」是匯合，是集中，是物以類聚，譬如珠顆，一粒兩粒，雖屬稀世之珍，而獨木不成林，不能成氣候；待至聚合多了，可編珠花，可串珠鍊，天然的美質，加上人工的技巧，美上加美，何可勝言？至於「績」，那是組織，是條理，是在剪貼的過程中，每一個行爲，每一個思考，都在督促自己上進，使組織更完密，使條理更分明。我們這樣說時，我們就這樣做去，天下何事不成，豈止區區剪貼而已哉！

七十一年六月二十六日

剪貼答問

一、剪貼簿不好，怎麼辦？

這不是問題重心之所在。問題的重心在，剪貼是一種實用的藝術，以做得出來爲可貴，只要做了就會無中生有，有了就會即有求好，往精美的道路上走去。再說，好與不好，沒有定準。我們大可不必嫌自己的剪貼簿不好，儘管大膽拿出來參加展覽，讓大家觀摩觀摩。

二、什麼樣的剪貼才算好？

一般的看法，認爲漂亮的剪貼就好。其實剪貼的實質在內容，內容可看可讀，不管是什麼，都是可圈可點的，所謂「充實之謂美」，剪貼有焉。

剪貼要做到漂亮，須在剪和貼這兩個字上用功夫。剪和貼是兩個動作，是「做」出來的，所以剪貼之初，我們要學「做」，初學的時候，總是做不好，慢慢做熟了，熟能生巧，事到巧時，才談得上好，才談得上漂亮。

三、剪該注意些什麼？

剪分剪、切和裁。裁就是把資料裁下來備用，比較少用；剪比裁靈活，用法簡便。下剪時宜注意，如果下剪的地方寬，可多留空白，以便修飾；下剪的地方仄，要小心，別剪傷內文；文字轉接處，也要留意，別剪掉了。

切，須備直尺和刀片。資料（剪材）在報紙腹部，不易下剪，倘用直尺和刀片，比比劃劃，得心應手，十分方便。所以致力剪貼，頂好剪刀和刀片都用，工作效率會相對提高。

用直尺，倘能撕的話，效率還要高些，不過那是大量剪貼才用得著的。

四、貼的時候，該注意些什麼？

剪是剪貼的開始，貼是剪貼的完成，資料有剪無貼，隨便堆疊，等於沒有，可見貼是很關緊要的一個步驟。

當編者的法寶有三：剪刀、漿糊、紅墨水；剪貼工作與編輯工作，有許多相似之處，編者的三寶，我們在工作的時候，也用得到。不過，編者使用漿糊，做的是粗活，剪貼者使用漿糊，做的是細活。

五、貼有技巧嗎？

我說貼是細活，就有技巧可言。普通使用漿糊，因為用而不得其法，莫不弄得滿手污垢，滿桌狼籍，令人生畏。抗戰期間，我在重慶化龍橋，看見本報一位報差貼標籤，乾淨俐落，遂學得一種粘貼的方法，凡是貼郵票，貼剪報，都照用不誤，積多年經驗，不僅使用純熟，而且推陳出新，到了一種化腐朽為神奇的境界。去年我在西門國小對老師們表演，曾使她們眼光一亮，露出會心的滿意的笑容。

其法簡單，今以貼郵票為例。

先將郵票翻轉，而且顛倒過來，右側緊靠信封左上角貼郵票的地方，合縫處同時抹上漿糊，則信封上貼郵票的方塊之內，左側有漿糊，而郵票背面右側有漿糊，彼此以其所有，補其所無，有無相生，郵票就不費吹灰之力貼好了。這雖然不敢說是「神乎技也」，卻也是很好玩的，可以助長剪貼的樂趣。

六、貼該注意那些？

貼既爲藝術，就要整潔。整是整齊，無論是天地頭，或者左右兩側，都要留出適當的空白，像裱褙出來的字畫一樣，自然美好。潔是乾淨，清爽，黑白分明。要做到這種地步，剪貼所用的紙張，最好用純白的。

剪貼所用的紙張（剪材）的背景，要把它襯托出來，宜稍厚一點。當然，剪貼的數量過大，著眼於經濟，可以用舊雜誌或其他紙張，藉此作廢物利用的嘗試，未始不可，只是欲求表現的漂亮，要多費些匠心罷了。

紙張不宜過省，爲了貪圖便宜而兩面皆貼，方便是很方便，經濟也很經濟；但是，如果以後想編一本書，把相關的某篇某篇，彙集起來，則兩面貼的剪材，將發生顧此失彼的困難；實不如每張紙都僅貼一面，可分可合，可作靈活的運用，可以得心應手之爲愈。

七、剪貼簿那種最好？

關鍵在「簿」。所謂剪貼簿也者，不過是保存剪材的方式之一，其可取在簡便；倘採用其他方式，運用靈活，對自己的工作有補，進修有益，儘管剪貼簿是一張一張的白紙，是活頁的，也算是剪貼簿。以前展覽的剪貼簿，有位先生的剪貼，非常精美，就是活頁的。中央日報資料室的剪報，也是活頁的。

任何一個本子，即令是一本舊雜誌或者發黃的十行簿，都可做剪貼簿，但要剪貼的成果美好，剪貼簿必須講究才行。

八、剪貼是什麼時候開始的？

只怕二十幾年前就開始了，那時是有關剪貼的文章在中央副刊發表，聊備一格，大家不把它當做一回事情。文章發表之後，事情也就風流雲散了。

但有一個事實，是千眞萬確的。剪貼這回事情，一直有很多人在做，大家有了經驗，有了心得，發而爲文，也拿出來發表，相激相盪，使剪貼潛滋暗長，經過多年，有很好的進展。所以在一次中副作者聯歡會上，同時舉行剪貼展覽，受到作者讀者的熱愛。客人一來，任意取一本剪貼簿，或坐在講台邊上，或站在壁頭下，整個心神就沉迷在故紙堆中，一迷就是兩三小時，已經打烊了還捨不得離去。

由於在臺北展出的效果良好，繼往臺中、高雄展覽。在臺中展覽時，潘振球先生以教育廳長的身份，主持開幕典禮，有所鼓勵，情況熱烈。再往高雄，展覽那兩天，不僅高雄市縣的熱心人士，潮湧一般，前往參觀，附近各縣市，也抱著「朝山不辭遠」的心情，一同來觀光覽勝，造成很大的轟動，把剪貼向前推動一大步，帶入一個新境界。

九、中央日報剪貼簿是怎樣來的？

高雄展覽時，人潮之中，突然有三數參觀者，從剪貼簿裏面，選出三本合用的，放在我面前，說：「孫先生，我們要這樣的剪貼簿，做得到嗎？」

「應該做得到，我回報社去，願意試試看！一定有滿意的答案，請諸位放心！」我的答覆是肯定的，因爲我有信心。

十、你怎麼達成你的任務？

從高雄回來，請剪貼界幾位有成就的朋友，在中央日報開會，研討出版一種價廉物美而且合用的剪貼簿。今天本報發售的剪貼簿，已有十二萬本，推其原始，都是這次會議所產生的成果。

這次會議最突出的一點，乃是把公母榫（音筍）的螺絲釘，應用在剪貼簿上，可以調節，俾得適應剪貼簿的厚度，而且美觀大方。後來發現，剪膠做的不牢實，改爲銅質，更能如意。

另外一點，出席人中有一位劉先生，曾在西德專習裝訂，先總統　蔣公所用的日記本，都出自他手，本本樸實厚重，耐翻，經久不變。我知道這個事實之後，曾對他說：「今天把你先生請來，實在請對了，剪貼簿一定成功！」

那天劉先生送我一本「豪華型」的剪貼簿，紅絲絨封面，打一個蝴蝶結，好高貴，好可愛！

中央日報發售剪貼簿，其意義是把剪貼簿正式介紹給社會大衆，而社會大衆得了一種新工具，無論是消遣或者進修，心有寄託，永不寂寞，實爲剪貼最大的貢獻！

十一、對剪貼的體認，你還有其他因素嗎？

我服務本報，在資料室工作，當了九年副主任，三年主任，每天看同事撕撕（比剪快）貼貼，早已看慣；有時寫作，要用資料，更知道資料的價値。

三十七年夏天，我在南京政治大學任新聞系助教，化了四十五天，譯過一本「報社資料管理法」，對於剪報，有初步的接觸，也略有認識，是我對新聞資料感興趣的原因。

天地間許多事情，出於偶然的居多，即以剪貼而論，我和它扯上關係，實在是許多個偶然湊成的。

十二、你怎麼知道十全國小的剪貼？

大約在前年，有一天我看報，發現高雄市十全國小的剪貼簿，成績斐然，受到教育廳的獎勵，高市師院的教授，對剪貼作了分析和批評，都一致說好。

這條新聞經我剪貼，曾經仔細一再閱讀；後來和文藝界訪問高雄，乘他們遊佛光山之便，我就往十全國小去了。

十全國小的王校長，知道了我的來意之後，立刻把一位先生介紹給我，指稱梁明泉先生爲十全國小學生剪貼的發起人。談話中間，我愈聽愈興奮，對梁先生也愈加敬愛，遂轉身取出我這兩天參加座談得的手提包，舉以轉貼梁先生，說：「老哥，這個皮包送你盛剪報！」梁先生不好意思接受，我請王校長幫忙說好話，王校長見我意誠，就示意梁先生收下。

十三、高雄展覽的影響

梁先生說，五十七年中央日報在高雄市舉辦剪貼展覽，他在屏東，很想去看看，但因一時不能抽身，竟未如願。不過這次展覽，給與他很大的啓示，所以，不久之後，他受聘在十全國小教書，就倡導剪貼，以爲作文的輔助。其法：由學生自由選擇，從報紙雜誌上，剪一塊下來，貼在本子上，然後針對這塊剪材，發表意見。雖只是幾句話，卻言之有物；事實上，學生剪下這一塊之先，對這一塊已覺有幾句話說，所以提起筆來，直抒所感，並不困難。

試想命題作文，即令出的題目，和「我的學校」、「我的母親」之類，都是學生們生活中、經驗中所有的，只因範圍太廣，不易把握；或者牽涉到情感，非有較深的體驗（所謂「養兒方知父母恩」），實難著墨，所以，遇著作文，面對題目就頭痛。

現在，對著剪下的一塊，發表「讀後感」，要求的不是一篇有頭有尾的文章，而是對一件事，一個物說幾句話，是小學生做得到的，他們自然樂意做了。

剪報的範圍非常遼闊，新聞有多大，它就有多大，而且是新的，取之不盡，用之不竭。廣告說，有一位國文老師，搜集了兩千個作文題，號稱包羅萬象；這和剪報比起來，是不是小巫見大巫呢？

十全國小，作這種嘗試，最初僅有三班；因成效非常美滿，由三班推廣到二十三班。

十四、小學生剪貼所表現的是什麼？

我常說，剪貼是綜合維他命丸，裏面樣樣都有。這可不是吹的，而是我親眼看見的。

舉例說吧，有一位學生，剪了一塊有關水仙花的剪材，他畫了水仙花，也寫了水仙花，並且把圖和文配搭起來，組合成圖文並茂的「剪貼」；但是，水仙花對他是一個很大的引誘，他繼續發掘有關水仙花的種種，於是水仙花的種類、水仙花的栽培法等等，皆網羅靡遺，一一列入剪貼簿，使他智識的天際線，逐步擴大，而孔夫子說的循循善誘，他也逐步升堂入室了。

另外一個學生，對船有興趣，把世界所有的船，都視其力所能，搜羅殆盡，連太空梭都未放過，這樣發展下去，誰敢說他將來對船艦不會有貢獻呢？

還有一個對犯罪新聞有偏愛的學生，連篇累牘，剪貼的是這類報導，評述的是這類事件，他將來做記者，專跑社會新聞，我相信定是一把好手。

剪貼所顯示的興趣和性向，表現得特別明顯，乃是有目共睹的事實。所以老師評閱剪貼簿，樂於多給幾個蘋果（註），家長看了子女的成績，直線上升，也很高興出錢做剪貼。

還有一點，從前命題作文，學生知識有限，詞彙有限，翻來覆去，說的都是那幾句話，老師改作文，無異老驟推磨，總是在繞圈子，了無新義，愈看愈煩，卻也奈何不得。

如今改看剪貼，學生所採取的題材，各不相同，看一本剪貼簿，便有一個新景象或者新形象，我有一回問一位老師：「在剪貼過程中，你給了學生什麼？」老師大聲笑出聲來說：「那裏是我們給了學生什麼，倒是生給了我們很多！」

原來學生人數多，人多則眼多手多，看得多也剪得多，往往是老師不曾注意的，不曾涉獵的，一骨碌被學生羅致來了，也藉此擴充了老師的見聞。「教學相長」，這是最好的例證。

老師們還說，兒童對萬事萬物，有他們自己獨特的看法，對研究兒童心理的人，提供了最多最好的資料。

註：十全國小的剪貼，不打分數，而是老師在剪貼簿上畫蘋果，蘋果愈多的愈好。

十五、西門國小的剪貼

我從高雄回來，帶了七本剪貼簿，是十全國小學生的代表作。我的目的，一方面想在家裡研究，一方面想藉此引起朋友們的興趣。光憑我一張嘴，即令巧舌如簧，也萬難邀人首肯，我是相信「事實最雄辯」的。果然，孩子們的剪貼簿，叫大人們看得眉開眼笑，都覺得剪貼居然有這樣大的效果，實在是想象不到的。

從高雄回來，帶著小學生的剪貼簿，也帶著一個推廣剪貼的意念。我很高興這回高雄之行，竟有這種發現新大陸的喜悅。因此，回到臺北那幾天，幾乎逢人便道，十全國小的剪貼如何如何，小學生作文做通了又如何如何。我甚至說，剪貼這把金鑰，開啓小學生作文的智慧之門，是文化上、教育上、語文上一件大事！當初我只這樣說，現在我更深信不疑，因爲活生生的事實擺在面前，那不是吹出來的，是做出來的。

當周錦先生明白我這個意念之後，就和西門國小的鄭校長聯絡。他和鄭校長是師大的同學，談話容易接近，所以我和周先生前往拜訪時，鄭校長在疑信參半中，下了決心，願意一試；當即請教務主任和幾位國語老師來，共同商議，我著實爲她們打了一陣氣，使他們同我一樣有信心。

西門國小原有一種類似剪貼的作業——把唐詩裏面的詩情畫意，用彩筆表現出來。有這個作基礎，經過這次會談，觀念容易溝通，再經過一次講解，老師們的幹勁十足，剪貼就起飛了。

記得會談那天，一位老師，原來教算術，後來改教國語，拿出一本二年級的剪貼，上面一篇作文，學生只說了一句話，害得她十分難爲情，說：「這那裏是作文？」還有點氣憤的意味，隔了一陣，輪到我說話，我才對她說：「老師，一個母親第一次聽見嬰兒叫她一聲『媽』，無異石破天驚，那是了不起的事情；你的學生，現在能開口說一句話，將來就能說一百句話，恭禧你，恭禧你！」

她滿意地笑了。

七十一年十一月五日

十七年的回顧

胡適

我於前清光緒三十年的二月間，從徽州來到上梅，求那時所謂「新學」。我進梅溪學堂後，不到二個月，時報便出版了。那時正當日俄戰爭初起的時候，全國的人心大震動。但是當時幾家老報紙，仍舊做那古文的長篇論說，仍舊保守那遺傳下來的老格式與老辦法，故不能供給當時的需要。就是那比較稍新的中外日報，也不能滿足許多人的期望。時報應此時勢而產生，他的內容與辦法，也確然能打破上海報界的許多老習慣，能夠開闢許多新法門，能夠引起許多新興趣。因此時報出世之後，不久就成了中國知識階級的一個寵兒。幾年之後，時報與學校，就成了不可分離的伴侶了。

我那年只是十四歲，求知的慾望正盛，又頗有一點文學的興趣，因此我當時對於時報的感情，比對於別報者更好些。我在上海住了六年，幾乎沒有一天不看時報的。我記得時報有一次徵求報上登的一部小說的全務，似乎是「火裡罪人」，我也是送去應徵許多人中的一個。我當時把時報上的許多小說、講話、筆記、長篇的專著，都剪下來分訂成小册子，若有一天的報遺失了，我心裡便不快樂，總想設法把他補起來。

我現在回想當時我們那些少年人，何以這樣愛戀時報呢？我想有兩個大原因：第一，時報的短評，在當日是一種創體；做的人也聚精會神的大膽說話，故能引起許多人的注意，故能在讀者腦筋裡發生有力的影響。我記得時報產生的第一年裡，是幾件大案子。一件是周有生案；一件是大鬧會審公堂案。時報對於這幾件事，都是很明決的主張。每日不但有「冷」的短評，當時還有幾個人簽名的短評，同時登出。這種短評，在現在已成了日報的常套了，在當時卻是一種文體的榮新。用簡短的詞句，用冷雋明利的口吻，幾乎逐句分段，使讀者一目了然，不消費工夫去點句分段，不消費工夫去尋思考索。當日看報人的程度，還在幼稚時代，這種明快冷刻的短評，正合當時的需要。我還記得當周有生案快結束的時候，我受了時報短評的影響，痛恨上海道袁樹勳的喪失國權，曾和兩個同學寫了一封長信去痛罵他。這也可見時報當日對於一般少年人的影響之大。這確是時報的一大貢獻。我們試看這種短評，在這十七年來，逐漸變成了中國報界的公用文體，這就可見他們的用處與他們的魔力了。

第二，時報在當日確能引起一般少年的文學興趣。中國報紙登載小說，大概最早要算徐家滙的滙報，那時我還沒有出世呢。但滙報登的小說，一大部分後來彙刻爲「蘭苔館外史」，都是聊齋式的怪異小說，沒有什麼影響。戊戌以後，雜誌裡時時有譯著的小說出現。專提倡小說的雜誌，也有幾種，例如「新小說」及「繡像小說」（商務）。日報之中，只有「繁華報（一種「花報」）逐日登載李伯元的小說。那些大報，好像還不屑做這種事情。（這一點我不敢斷定，我那時年紀太小了，看的報又不多，不知時報以前的「大報」有沒有登新小說的。）那時的幾個大報，大概都是很乾燥枯寂的，他們至多不過能做一兩篇合於古文義法的長篇論說罷了。時報出書以後，每日登載「冷」或「笑」譯篇的小說，有時每日有兩種。冷血先生的白話小說，在當時譯界中確算得很好的譯筆；他有時自己也做一兩篇短篇小說，如「福爾摩斯來華偵探案」等，也是中國人做新體短篇小說最早的一段歷史。時報登的許多小說中，「雙淚碑」最風行。但依我看來，還應該推那些白話譯本爲最好。這些譯本，爲「銷壐窟」之類，用很暢達的文筆，作很自由的潘繙，在當時最爲通用。倘「幾道山恩仇記」全書。都能像「銷壐窟」（此乃「恩仇記」的一部分）這樣的譯出，這部名著，在中國一定也會成了一部戶曉家喻的小說了。時報當日還有

「平等閣詩話」一欄，對於現代詩人的紹介，選擇很精。詩話雖不如小說之風行，也很能引起許多人的文學興趣。我關於現代中國詩的知識，差不多都是先從這部詩話裡引起的。

我們可以說時報的第二個大貢獻，是爲中國日報界開闢一種帶文學興趣的「附張」。自從，時報出世以來，這種文學附張的需要，也漸漸的成爲日報界公認的了。

這兩件，都是比較最大的貢獻。此外如專處及要聞分別輕重，參用大小字，如專處的加多等等，在當日都是日報界的榮新事業，在今日也都成爲習慣，不覺的新鮮了。我們若回頭去研究這許多習慣的由來，自不能不承認時報在中國報史上的大功榮。簡單說來，時報的貢獻，是在十七年前發起了幾件重要的新改革。因爲適合時代的需要，故後來的報紙也不能不儘量採用，就漸漸的變成中國日報不可少的制度了。

①時報、光緒三十年四月二十九日創於上海。狄葆賢（楚青）辦。

②匯報、同治十三年五月初三日創於上海，爲容閎（純甫）所發起。至七月二十一日，易名「彙報」。光緒二年六月十四日，易名「益報」，至十一月初七日，停辦。

③時報、光緒十二年一月（一八八六年十一月六日）創於天津，爲津海關稅務

司德璀琳與怡和洋行總理笳臣集股所創辦，延李提摩太爲主筆。每日著論一篇，每七日登一圖，均希望中國仿行新法，以躋富強者。「時事新論」一書，即集報中論說成之。是報封面當初出之日，上書「在明明德」之篆文，蓋隱寓時字之意也。

附錄二

九一 方社圍座清談

出席者：沈宗琳、高陽、南郭、姚葳、晢還、一民、文壽、方以直、寒爵、茹茵、言曦、小卒、鳳兮、自牧。

話題：我和讀者的接觸及我的文章對讀者的具體影響。

三月六日，方社中人，齊聚邱家，主客不拘形跡，顯得輕鬆愉快。這次小聚圍談，空氣的融洽，發言的眞誠，內容的充實，都是大家多年不曾領略的，首當歸功於主人妥善的設計與安排。

依照主人發的通知，午餐後，稍事休息，即於十二點十分開始座談。主客十四人，坐成一個不規則的圓圈，只有主席的座位稍稍楔入圓周，算是處於中心的地位，取便照應。主席一民先生說了開場白以後，大家決定討論的話題是：「我和讀者的接觸及我的文章對讀者的具體影響。」

通知單上，指定自牧為「第一發言人」，責成他負起磚頭的任務，要把美玉引出來，所以他希望在座諸公，勉為半個猶太人——猶太人中的珠寶商。大家既然敢來赴會，一定是帶著真珠寶貝來的，但不可學猶太人的吝嗇。

針對著「我和讀者的接觸」，自牧說了一個故事。新曆年後，一天晚上，他從統一飯店應酬出來，正在叫計程車時，一位好心的讀者朋友，邀他同車，送他上班。在車上閒談時，忽然談起大華晚報的「河邊閒話」，那位先生對自牧說：「龍套的文章，倒是寫得很不錯；只是自牧不知是什麼人，寫的毫無意思。」這簡直是「指著和尚罵賊禿」，引起一堂鬨笑，也引來一些安慰和鼓勵。

沈宗琳先生坐在自牧的右側，便成了第二位發言人。他強調寫「黑白集」，筆要鋒利如刀，富於刺激性，才能吸引讀者的興趣。他自覺年事日增，刀鋒有鈍化之勢，不禁發出今不如昔的感慨。他說，方塊維繫著許多讀者的閱讀興趣，為其他的作品所不及，值得我們繼續努力，研究出更好的表現法，寫出更好的作品。

對於「刀」的看法，大家的意見，頗不一致。方以直先生低垂眼皮，看著自己的鼻尖說：「我讀筆鋒犀利的文章，我會難過；如果那篇文章是批評某人，我會同情那被批評的一方。可見筆鋒過利，可能得到相反的結果，所以文章是要溫柔敦厚。」

寒爵先生接著說：「我和沈宗琳先生一樣，也是屬於『刀』型。有一點，我非常感謝方以直先生，我的作品，雖然不合溫柔敦厚的要求，他還是照發了。我要說明的，便是我只有這一套，除此而外，我都不擅長，要我改變作風，這輩子恐怕不可能了。」

主人家發話了，他把兩派意見調和起來。他說：刀之爲用，可以殺人，也可以活人，例如外科醫生施行手術，就要用刀。筆鋒犀利爲好文章的特色，像韓愈、歐陽修、乃至蘇東坡，那一個的筆鋒不犀利呢？筆鋒的犀利，顯示觀察的深入獨到，這是寫方塊文章所不能少的條件。

在改換話題，涉及「我和讀者的接觸」時，這位主持過節目部的「部長」說：「我和一位女讀者的接觸，是信的接觸——」

主席立即插口說：「應該說『信件的接觸』！以免發生誤會。」

大家都叫一聲「好！」熱烈拍手支持這一個字的補正。

「部長」迫於情勢，便含笑改口說：好，就算「信件的接觸」吧——那位女讀者，因爲失戀，痛不欲生，我就寫了一篇文章，闢「愛情至上論」的不當。她又寫信來，說我不懂愛情，我又寫一篇，痛論生命的可貴，遠在愛情之上，因爲人只能活一回，而戀愛可談若干次。她最後還是接受了我的意見，另外講戀愛結婚了。

此外，關於新詩的論辯，言曦先生亦能改變對方的觀點，而且是對方直接告訴他的。還有「內幕新聞」，經他娓娓道來，非常動聽，可以當場看出他談話的「具體影響」。

茹茵先生發言，說的也是一則「內幕新聞」。他的口才和他的文章一樣生動而有感染力，贏得了滿堂采。他說的故事，乃是一場法律糾紛，由於他的文章，早造成審判官的良好印象，單憑筆名，就有助於他一再勝訴。

鳳兮先生說，有一個浪子，在為非作歹之餘，企圖自殺，一了百了。浪子的父親對浪子說，在結束一生之前，無妨讀讀鳳兮先生的文章。浪子讀了幾篇以後，很受感動，以後就把「十字架上」的文章，剪下來貼在壁上，自己跪在地上細讀，浪子居然回了頭，一心向學，現在到美國留學去了。

同樣的「具體影響」，如誓還先生批評煤煙，軍事機關，不惜破費三百萬元來改善，則見於中央副刊的方塊，不必再說。

「方塊」這個名字，言曦先生說它不妥當，應該稱為「專欄」，因為對外國人說，「專欄作家」是columnist，他們懂得，如果說，「方塊作家」是square writer，人家會莫名其妙。事實上，報紙上的「方塊」很多，如短評，如花邊新聞都是，一概稱為「方塊」，則「方塊」的含義不明確，實有另取名稱的必要。不過，現在大家都稱「方塊」稱慣了，連我們自己也自稱「方社」，已經積重難返了。

關於「正名」，大家認爲，值得研討，以後有意見，再提出討論。

關於作風問題，主席綜合衆人的意見，認爲要發揮各人之所長，像開館子一樣，平津館、江浙館、湖南館、山東館、四川館、廣東館，諸味雜陳，各有特色，才立得住腳；而在執筆的時候，尤須不計較反應如何，才能暢所欲言，盡量發揮，倘患得患失，心存芥蒂，捨我從人，便軼出了寫作的正軌。

最後，自牧在分析方塊文章何以受人歡迎時說：方塊文章，與文藝作品一樣，本身是一個獨立體，不像社論，讀者要具備背景知識，才讀得懂，才讀得有趣。

方塊文章，在寫作方面，因爲深入讀者的生活圈子，接近讀者的知識程度，正介於古往今來的大作品和一般水準的文章之間。讀者在興致來時，動念試作，那麼，唐宋八大家之文，只敢模倣一二句，而對於方塊文章，卻敢整篇的嘗試。副刊的作品，具有階梯性，能夠引人一步一步往上爬，不必顧慮自己的淺薄。方塊文章，在這一點上，所起的作用是很大的，所以，「留得方塊在，不愁無讀者！」

沈宗琳先生，聽到最後兩句打油詩，順手拍了自牧一下，兩人同時笑起來，大家也一同起身，愉快地結束了這次的圍坐閒談。

五十五年三月九日

出席者：
沈宗琳中央社總編輯
高陽作家
南郭（林適存）中華副刊主編
姚葳（張明）新生報採訪主任
誓還（吳延環）專欄作家
一民（李荆蓀）前中央日報總編輯
文壽（趙滋蕃）專欄作家
方以直（王鼎鈞）人間副刊主編
寒爵（韓道成）專欄作家
茹茵（耿修業）大華晚報社長
言曦（邱楠）中廣節目部主任
小卒（龔選舞）中央日報採訪主任
鳳兮（馮放民）新生副刊主編
自牧（孫如陵）中央副刊主編

附錄三

理想中的日報副張（民國十三年）

孫伏園

一

今日中國的日報副張，概括言之，可以分作兩大類，我叫它們做「無線電的兩極端」。怎麼講呢？

甲極端以許多日報上的「馬路無線電」等文字代表之，本意是供人娛樂，結果卻成了劣等的滑稽。例如「有趣一打」、「掃興半打」，這種文字見於古人著作中，我們並不難加以非難，如李商隱的「義山雜纂」，日本清少納言的「枕之草紙」二書中有許多很有趣的。但個人著作，不思別出心裁，只是一意模仿古人作品，便引不起閱者的興味，而著作本身的價值也就低減了。

又如孫慕韓作總理，王克敏作總長，兩方意見不洽的時代，有一個日報附張上發表一篇短評論，題目叫做「海甸總理與石娘總長」；臨城劫案發生，田中玉與孫美瑤開對等會議的時代，又有一個日報的附張上發表一篇小評論，大意是「孫美瑤與田中玉同一玉也，而田之玉，不及孫之玉矣」云云。這也是甲極端的別一類，本欲滑稽而得不到滑稽之好結果的。

再如另一種日報附張，常欲搜羅新奇的事物而發表之，雄雞產卵或某處少婦一產得三男等類，三四十年前的申報所優爲，而今日之日報中，雖不承認其爲緊要新聞，但用「姑誌之以供博物學者之研究」等口調，揭布於附張上者，還是數見不鮮。毛病一大半自然由於讀者缺常識，盲目歡迎此類新聞，而據我看來，也只能歸於無線電文字的甲極端，編者本欲藉以供人娛樂而結果卻變了最劣等的滑稽罷了。

無線電文字的乙極端，就是簡直老實不客氣的討論無線電的學問。這也是代表一個方向。有線電已經少有人懂得了，現在卻越幾級而講無線電。同一類的就如西洋某某人的哲學，學院中或是書本上的哲學；帶了許多圖，許多表的或是教科書及講義式的科學；用了五顏六色的字眼堆砌成的新選學式的文學等等，與日常生活的關係甚少，與讀者的常識程度相差也甚遠，而且大抵是長篇的，每篇往往延長到一二禮拜以上。這一種我叫它們做「無線電文字的乙極端」。

試就今日日報的附張檢查一過，除了這無線電文字的兩極端以外，還有些別的什麼嗎？我可以說，即有，也是甚少的了。

二

那麼，什麼纔是我理想中的日報附張呢？我們應先知道什麼纔是今日中國社會對於日報附張的需要。

第一、大戰終了以後，無論在世界上或在中國，人們心理中都存著一種懷疑，以為從前生活的途徑大抵是瞎碰來的，此後須得另尋新知識，作為我們生活的指導。這時候日報上討論學問的文章便增加了。不過，大多數人儘可有這樣的要求，日報到底還是日報，日報的附張到底替代不了講義與教科書的。廚川白村說得好，報章雜誌只供人以趣味，研究學問須用書籍，從報紙雜誌上研究學問是徒勞的。而在中國，雜誌又如此之少，專門雜誌更少了，日報的附張于是又須替代一部分雜誌的工作。例如宗教、哲學、科學、文學、藝術等，本來都應該有專門雜誌，而現在民國日報的「覺悟」，時事新報的「學燈」，北京晨報的「副刊」和將來的本刊，大抵是兼收並蓄的。一面是兼收並蓄，一面卻要逃去教科書或講義式的艱深沉悶的弊病，所以此後我們對於各項學術，除了與日常生活有關的，引人研究之興趣的或至少艱深的學術而採用平易有趣之筆表達的，一概從少登載。

第二、日報附張的正當作用就是供給人以娛樂，所以文學藝術這一類的作品，我以爲是日報附張的主要部分，比學術思想的作品尤爲重要。自然，文學藝術的文字與學術思想的文字能夠打通是最好了；即使丟開學術思想不管，只就文藝論文藝，那麼，文藝與人生是無論如何不能脫離的，我們決不能夠在生人面前天天登載些否定人生的文藝。中國的生活太枯燥了，就是首都北京也如此；幾十個戲館是骯髒喧擾到令人不敢進去的；音樂跳舞會是絕無僅有的；其他運動場、娛樂會和種種的遊藝場所，你能指點出幾個來麼？在家看方塊兒的天，出門吃滿肚子的土。如果有一個識字階級的人，試問除開看看日報的附張藉以滋潤他的腦筋外，他還有別的娛樂可以找到麼？

以上指出文藝學術兩項，自然不能全是短篇。如果把合訂本當作雜誌看，那麼，一月登完的作品並不算長；只要每天自爲起訖，而內容不與日常生活相離太遠，雖長亦是不甚覺得的；因爲有許多思想學術或人情世態，決不是短篇所能盡，而在人們的心理，看厭了短篇之後，一定有對於包羅的更豐富、描寫得更詳盡的長篇底要求的。記者對於學術文藝二類文字大概的意見如此，以下再講其他各種短文字。

第三、也是日報附張的主要成分，就是短篇的批評。無論對於社會，對於學術，對於思想，對於文學藝術，對於出版書籍，日報附張本就負有批評的責任。這類文字最易引起人的興味，但也最容易引起人的惡感。人們不善於做文章，每易說出露筋露骨的言語，多少無謂的爭端都是從此引起的。這類爭端，本刊雖然不能完全避免，也不求完全避免，但今天創刊日，記者不妨先在這裡聲明一句，凡屬可以避免的爭端我們總希望避免的。

除了批評以外，還有如不成形的小說，伸長了的短詩，不能演的短劇，描寫風景人情的遊記，和饒有文藝趣味的散文，這一類文字在作家或嫌其僅屬斷片而任其散失，而在日報則取其所含思想認爲有登載的可能。我們此後要多多徵求並登載此類文字。

三

「日報副刊應該登些什麼文字？」我上面已經照我的意見解答了。對於稿件性質及分量的支配，記者也曾經費過許多躊躇，都得不到若干結果。從前有人勸我，最好是在報上徵求讀者的意見，後來我想，徵求答案的結果大抵是不圓滿的，因爲大多數人照例不說話，說話的少數人大抵不能代表讀者的意見。而且我們也有我們的理想，即使是大多數人，我們難道肯拋棄自己的主張去服從他們麼？所謂服從，也只有參酌二者而持中罷了。現在我用變通的辦法，不採公開的徵求制度，只在這裏首先聲明，希望熱心幫助本刊的和記者個人的朋友們多多指教。

「貴刊是否收受投稿？」和「貴刊投稿章程若何？」這二問題是編輯人時時可以見到的，我不如先在這裡答覆了。投稿是無限制的收受的。至於章程，因爲沒有必要，所以也沒有定。簡單一句話：如果記者認爲可以登載的便登載，否則寄還或扔在字紙簍裡。撰稿者如果是願意受酬的，請在稿尾聲明，本報當於月底寄奉薄酬。

最後一句聲明是記者竭誠的歡迎新進作家。新進作家的名字，自然不是社會所習知，但希望讀者對於他們的作品，不要因爲名字生疏而厭棄之。據我的經驗，讀者大抵希望記者多登名人的作品，投稿人大抵指摘記者多登名人的作品，其實兩者都有偏見的。社會上已經成名的作家的作品，我們固然願意多登，不成名的新進作家的作品，我們尤其希望多多介紹。我希望此後本刊登載名人作品的時候，投稿人不妨大一點眼光，不要儘是責備記者以爲是「報界的蟊賊」「選稿時存了勢利的成見」，「不是你的狐群狗黨便不登載！」登新進作家作品的時候，尤其讀者不要存了勢利的成見，以爲「京報副刊這幾天太沉寂了，一篇名人的作品也沒有。」

與讀者還有相見的日子，今天時間太匆促了，就說到這裡爲止罷。